A cultura como sistema aberto, como acto e drama
que se expressa na palavra e na imagem para análise
e interpretação do quotidiano.

Actos de Significado

TÍTULO ORIGINAL
Acts of Meaning

© 1990 by the President and Fellows of Harvard College

Publicado por acordo celebrado com a Harvard University Press

TRADUÇÃO
Vanda Prazeres

REVISÃO
Artur Morão

DESIGN DE CAPA
FBA

ISBN: 978-972-44-1428-7
ISBN DA 2ª EDIÇÃO: 972-44-1174-5
ISBN DA 1ª EDIÇÃO: 972-44-0951-1

DEPÓSITO LEGAL Nº 274568/08

PAGINAÇÃO, IMPRESSÃO E ACABAMENTO
Pentaedro, Lda.
para
EDIÇÕES 70, LDA.
Fevereiro de 2008

Direitos reservados para Portugal e países africanos de língua oficial portuguesa
por EDIÇÕES 70

EDIÇÕES 70, LDA.
Rua Luciano Cordeiro 123, 1º esq,
1069-157 Lisboa, Portugal
Telfs. 213 190 240, Fax. 213 190 249
e-mail. geral@edicoes70.pt

www.edicoes70.pt

Esta obra está protegida pela lei. Não pode ser reproduzida, no todo
ou em parte, qualquer que seja o modo utilizado, incluindo fotocópia
e xerocópia, sem prévia autorização do Editor. Qualquer transgressão
à lei dos Direitos de Autor será passível de procedimento judicial.

Jerome Bruner
Actos de Significado

Prefácio

Os livros são como cumes de montanhas alçando-se sobre o mar. Pareçam embora ilhas independentes, são levantamentos de uma geografia subjacente que é, ao mesmo tempo, local e, por isso mesmo, parte de um padrão universal. E assim, embora reflictam inevitavelmente um tempo e um espaço, fazem também parte de uma geografia intelectual mais geral. Este livro não é excepção.

Escrevi-o numa época em que a psicologia, a ciência da mente como outrora William James a denominou, se fragmentou como jamais antes acontecera na sua história. Perdeu o seu centro e corre o risco de perder a coesão necessária para assegurar o intercâmbio interno que justificaria uma divisão do trabalho entre as suas partes. E estas, cada uma com a sua própria identidade organizacional, com o seu próprio aparelho teórico e, frequentemente, com as suas publicações próprias, transformaram-se em especialidades cujos produtos se tornam cada vez menos exportáveis. Demasiadas vezes se fecharam na sua retórica específica e na "capelinha" das suas autoridades. Este auto-enclausuramento arrisca-se a afastar sempre mais cada parte (e o agregado que constitui, de modo crescente, a "manta de retalhos" da psicologia) das outras pesquisas dedicadas à compreensão da mente e da condição humana – pesquisas em humanidades ou noutras ciências sociais.

Terá havido boas razões para o que aconteceu, e talvez isso reflicta até uma necessária "deslocação paradigmática" nas ciências humanas. O lado "biológico" da psicologia abandonou a sua antiga base para se aliar às ciências neurológicas. E as recentemente criadas "ciências cognitivas" absorveram muitos dos que costumavam labutar nos vinhedos da percepção, da memória, do pensamento, todos eles olhados agora como variedades do "processamento de informação". Talvez estes novos alinhamentos sejam úteis: poderão trazer um novo e inesperado vigor teórico à tarefa de compreender o homem.

Todavia, apesar da divisão e fragmentação que parece estar a ocorrer, não penso que a psicologia esteja a chegar ao fim ou que esteja permanentemente condenada a viver em áreas segregadas. A psicologia, tal como uma empresa, antedata com tempo a sua conversão "oficial" num conjunto de divisões independentes. As suas grandes questões mantêm-se vivas. A fundação do laboratório "experimental" de Wundt, em Leipzig, em 1879, não anulou essas questões; apenas as vestiu com novas roupas – o "novo" estilo positivista tão caro aos nossos antepassados dos finais do século passado. Até mesmo Wundt, nos seus últimos anos, reconheceu quão constringente poderia ser o novo estilo "laboratorial" e, ao formular uma "psicologia cultural", instou que enveredássemos por uma abordagem mais histórica e interpretativa para compreender os produtos culturais do homem.

Continuamos ainda a ir buscar muito alimento ao nosso passado mais longínquo, pré-positivista: Chomsky reconhece a sua dívida para com Descartes, Piaget é inconcebível sem Kant, Vygotsky sem Hegel e Marx, e o bastião outrora altaneiro da "teoria da aprendizagem" foi construído sobre os alicerces lançados por John Locke. E se os seguidores de Freud tivessem ignorado o modelo da "bioenergética", que era o aspecto mais trivial da sua teoria, talvez a psicanálise tivesse continuado a aumentar em estatura teórica. A revolução cognitiva mais recente era inconcebível sem o apoio do clima filosófico da sua época.

PREFÁCIO

E de facto se, para lá das fronteiras da psicologia "oficial", olharmos para disciplinas afins no âmbito das ciências humanas, ficaremos impressionados com a intensa renovação do interesse pelas questões clássicas levantadas no decorrer do século desde Leipzig, por Nietzsche e Peirce, por Austin e Wittgenstein, por Jakobson e Saussure, por Husserl e Cassirer, por Foucault e Searle.

Não causa, pois, surpresa que se tenha verificado uma reacção contra o estreitamento e o "enclausuramento" que atormentam a psicologia. A vasta comunidade intelectual ignora cada vez mais as nossas revistas que, para os estranhos, parecem conter sobretudo pequenos estudos intelectualmente deslocados, sendo igualmente cada um deles uma resposta a outros da mesma índole. No seio da psicologia há uma inquietação nervosa com o estado da nossa disciplina e com o início de uma nova busca de meios para a reformular. Apesar do reinante espírito de "pequenos estudos bem feitos", e do que Gordon Allport outrora apelidou de metodolatria, as grandes questões psicológicas levantam-se de novo – questões sobre a natureza da mente e os seus processos, sobre o modo como construímos os nossos significados e as nossas realidades, sobre a formação da mente mediante a história e a cultura.

Estas questões, frequentemente abordadas com vigor mais fora do que dentro da psicologia "oficial", estão a ser reformuladas com uma tal subtileza e um tal rigor que suscitarão respostas construtivas e produtivas. Sabemos muito melhor agora como enfrentar as «grandes comparações» cujas resoluções sempre desafiaram a psicologia: a comparação do homem e dos seus antepassados evolutivos, do homem como criança imatura e do homem na plena maturidade, do homem saudável e do homem atormentado pela doença mental ou pela alienação, da "natureza humana" como expressa em diferentes culturas, e inclusive a comparação entre o homem de carne e osso e as máquinas construídas para o imitarem. Cada uma destas pesquisas progrediu sempre que nos dispusemos a fazer perguntas sobre tópicos interditos como a mente, os estados intencionais, o significado, a construção da realidade, as regras mentais, as formas de cultura e outras da mesma natureza. A navalha de Occam, ao aconselhar-nos a não multiplicar mais do que o "necessário" as nossas entidades conceptuais, não intentava decerto banir a mente das ciências mentais. Nem os princípios da indução de John Stuart Mill pretenderam reprimir todas as formas de curiosidade intelectual, salvo as que pudessem ser refreadas pela experimentação controlada.

O presente livro foi escrito em contraste com o ambiente básico da psicologia actual, com todas as suas confusões, as suas deslocações e as suas recentes simplificações. Dei-lhe o título de *Acts of Meaning (Actos de Significado)* de modo a realçar o seu tema principal: a natureza e a modelagem cultural da criação de significado, e o lugar central que esta ocupa na acção humana. Não é um sofisma autobiográfico escrever agora este livro, embora o leitor cedo descobrirá que ele "reflecte" a minha própria e longa história como psicólogo. Mas, como nos ensina Bakhtin, todas as vozes singulares são extraídas de diálogos. Tive a imensa sorte de ser um participante assíduo nos diálogos que formam e reformam a psicologia. E o que tenho para dizer nos capítulos que se seguem reflecte a minha maneira de ver o diálogo na sua situação actual.

Para todos os efeitos este não é um estudo "global" de todos os aspectos do processo da criação de significado. Seria, aliás, impossível. É, antes, um esforço para elucidar o que é a psicologia quando se concentra unicamente no significado, como, inevitavelmente, ela se torna uma psicologia *cultural* e como se deve aventurar para lá das metas convencionais da ciência positivista, com os seus ideais de *reducionismo,* de *explicação causal* e de *previsão.* Os três não precisam de ser tratados como a Trindade. Quando lidamos com o significado e com a cultura, enveredamos inevitavelmente por outro ideal. Reduzir o significado ou a cultura a uma base material, dizer que eles "dependem", por exemplo, do hemisfério esquerdo é cair na banalidade ao serviço de uma concreção deslocada. Insistir na explicação em termos de "causas" impede-nos, logo à partida, de tentar compreender como é que os seres humanos interpretam os seus mundos e como *nós* interpretamos os *seus* actos de interpretação. E se considerarmos que o alvo da psicologia (como de qualquer empreendimento intelectual) é alcançar a compreensão, porque nos será então necessário, sob quaisquer condições, compreender *previamente* os fenómenos a observar — não será isto, no fim de contas, tudo o que a previsão é? Não são as interpretações plausíveis preferíveis às explicações causais, sobretudo quando a consecução de uma explanação causal nos obriga a tornar artificial o que estamos a estudar até ao ponto de quase já não se reconhecer como representativo da vida humana?

O estudo da mente humana é tão difícil, e de tal maneira enredado no dilema de ser ao mesmo tempo objecto e agente do seu próprio estudo, que não pode limitar as suas pesquisas a modos de pensar que dimanaram da física do passado. A tarefa, pelo contrário, é tão importante que merece a riquíssima variedade de discernimento que podemos aplicar na compreensão daquilo que o homem faz do seu mundo, dos seus congéneres e de si mesmo. Eis o espírito que anima o nosso procedimento.

Agradecimentos

É-me impossível mencionar todas as pessoas e instituições que deram forma a este livro. Pois, em muitos aspectos, representa não só o meu modo de pensar, mas também, por assim dizer, um "retorno do reprimido". Consequentemente, algumas das influências situam-se no passado longínquo, por exemplo, o Departamento de Relações Sociais de Harvard onde, durante uma década, iniciada em meados dos anos 50, me alimentei da companhia de pessoas como Clyde Kluckhohn, Gordon Allport, Talcott Parsons e Henry Murray. Era um departamento com um propósito, e todos os meses nos reuníamos em seminário para elucidar esse mesmo propósito: como conciliar a concepção do Homem enquanto indivíduo único com a visão dele enquanto expressão de cultura e como organismo biológico. Os debates desses serões de quartas-feiras ecoam nas páginas que se seguem.

Havia então o "Soc Sci 8", Concepções do Homem, em que eu e George Miller tentámos persuadir uma geração inteira de estudantes de Harvard e Radcliffe de que, para conhecer o Homem, é necessário vê-lo sobre o pano de fundo do reino animal a partir do qual ele se desenvolveu, no contexto da cultura e da linguagem que fornecem o mundo simbólico em que vive, e à luz dos processos de desenvolvimento que fazem convergir estas duas poderosas forças. Na altura estávamos convencidos de que a psicologia não poderia fazer tudo sozinha. Criámos, pois, a nossa própria versão de uma ciência humana interdisciplinar em "Educação Geral" e, na maior parte dos anos 60, desde Setembro até Maio de cada ano, conseguimos manter-nos um passo à frente dos nossos estudantes.

E, no meio de tudo isto, fundou-se o "Centro de Estudos Cognitivos", sobre o qual muito mais se dirá no primeiro capítulo. Menciono-o aqui apenas para expressar uma dívida para com outra comunidade que me convenceu (na altura, sem grande renitência minha) de que as fronteiras que separam campos como a psicologia, a antropologia, a linguística ou a filosofia eram mais questões de conveniência administrativa do que de substância intelectual.

Houve também os parceiros de longas conversas que constituem o nosso Outro Generalizado – George Miller, David Krech, Alexander Luria, Barbel Inhelder, Clifford Geertz, Albert Guerard, Roman Jakobson, Morton White, Elting Morison, David Olson. E a lista está incompleta, pois não incluí os meus antigos estudantes – desde a recente Nova Iorque, passando por Oxford, até à distante Harvard.

Vários amigos leram esboços iniciais deste livro e forneceram-me sugestões muito úteis: Michael Cole, Howard Gardner, Robert Lifton, Daniel Robinson e Donald Spence. Estou muito grato pela ajuda que me prestaram.

Tenho uma dívida especial para com os meus anfitriões em Jerusalém que, em Dezembro de 1989, me tornaram a vida deveras agradável quando lá pronunciei as "Conferências de Jerusalém-Harvard" na Universidade Hebreia – em particular para com o Presidente Amnon Pazi, o Reitor Yoram Ben-Porath, o Prof. Shmuel Eisenstadt e Liat Mayberg. As palestras que fiz em Jerusalém originaram o primeiro esboço deste livro. Raramente falei a uma audiência assim tão intensamente implicada e informada como a que se reunia nessas tardes de Dezembro em Mount Scopus. Os seus comentários e perguntas levaram-me a fazer uma

AGRADECIMENTOS

proveitosa revisão. Desejo igualmente agradecer o apoio da Fundação Spencer que financiou todo o trabalho em que o presente volume se baseia.

Dediquei este livro a Carol Fleisher Feldman, minha mulher e colega. Não será surpresa para ninguém.

1.
O Estudo Genuíno do Homem

Quero que a Revolução Cognitiva seja o meu ponto de partida. A sua finalidade foi inserir de novo a "mente" nas ciências humanas, após um longo e frio inverno de objectivismo. O meu relato não consistirá no costume frequente de referir um progresso incessante ([1]). Pois, pelo menos a meu ver, essa revolução desviou-se agora para problemas marginais relativamente ao impulso que a despoletou. Efectivamente, tem-se tornado de tal modo técnica que chega a destruir o impulso original. Não quer dizer que tenha falhado: longe disso, pois a ciência cognitiva deve, com toda a certeza, encontrar-se entre os principais e mais dinâmicos accionistas da bolsa académica. Mas talvez se tenha transviado com o êxito, um êxito cujo virtuosismo tecnológico lhe custou caro. Alguns críticos, porventura indelicadamente, chegam mesmo a argumentar que a

---

([1]) Howard Gardner, *The Mind's New Science: A History of the Cognitive Revolution* (Nova Iorque: Basic Books, 1985). Earl Hunt, "Cognitive Science: Definition, Status, and Questions", *Annual Review of Psychology* 40(1989):603-629.

nova ciência cognitiva, filha da revolução, obteve os seus êxitos técnicos à custa da desumanização do conceito de mente, tendo assim alheado grande parte da psicologia das outras ciências humanas e das humanidades ([2]).

Em breve direi mais alguma coisa sobre estes temas. Mas, antes de prosseguir, deixem-me dar-lhes a conhecer o plano deste capítulo e dos que se seguem. Após um olhar retrospectivo sobre a revolução, pretendo debruçar-me directamente para a exploração preliminar de uma revolução cognitiva renovada – uma abordagem mais interpretativa da cognição centrada na "criação de significado", que tem estado a desenvolver-se, estes últimos anos, na antropologia, na linguística, na filosofia, na teoria literária, na psicologia e, segundo parece, em toda a parte para onde quer que hoje se olhe ([3]). Suspeito até que este forte crescimento é um esforço para retomar o momento original da primeira revolução cognitiva. Nos capítulos seguintes, tentarei ilustrar este

---

([2]) Hubert L. Dreyfus e Stuart E. Dreyfus, com Tom Athanasiou, *Mind over Machine: The Power of Human Intuition and Expertise in the Era of Computer* (Nova Iorque: Free Press, 1986). Terry Winograd, *Understanding Computers and Cognition: A New Foundation for Design* (Reading. Mass.; Addison-Wesley, 1987).

([3]) Clifford Geertz, *The Interpretation of Cultures* (Nova Iorque: Basic Books, 1973). Clifford Geertz, *Local Knowledge: Further Essays in Interpretative Anthropology* (Nova Iorque): Basic Books, 1983). George Lakoff e Mark Johnson, *Metaphors We Live By* (Chicago: University of Chicago Press, 1980). John R. Searle, *Intentionality: An Essay in the Philosophy of Mind* (Nova Iorque: Cambridge University Press, 1983). Nelson Goodman, *Of Mind and Other Matters* (Cambridge, Mass.: Harvard University Press, 1984). Wolfgang Iser, *The Act of Reading: A Theory of Aesthetic Response* (Baltimore: Johns Hopkins University Press, 1978). Kenneth J. Gergen, *Toward Transformation in Social Knowledge* (Nova Iorque: Springer-Verlag, 1982). Kenneth J. Gergen and Keith E. Davis, *The Social Construction of the Person* (Nova Iorque: Springer-Verlag, 1985). Donald P. Spence, *Narrative Truth and Historical Truth: Meaning and Interpretation in Psychoanalysis* (Nova Iorque: W. W. Norton, 1982). Donald E. Polkinghorne, *Narrative Knowing and the Human Sciences* (Albany: SUNY Press, 11988).

esboço preliminar com investigações concretas, na fronteira entre a psicologia e as disciplinas afins no campo das humanidades e das ciências sociais. Essas pesquisas retomam o que eu chamei o impulso original da revolução cognitiva. Deixem-me agora dizer-lhes o que eu e os meus amigos julgámos que era a revolução no fim dos anos 50. Era, pensávamos, um grande esforço para estabelecer o significado como o conceito central da psicologia – não estímulos e respostas, não um comportamento abertamente observável, não impulsos biológicos e as suas transformações, mas o significado. *Não* era uma revolução contra o behaviorismo, com o objectivo de o transformar numa maneira mais eficaz de praticar a psicologia, adicionando-lhe um pouco de mentalismo. Edward Tolman fizera isso, com pouco proveito [4]. Tratava-se de uma revolução muito mais profunda. O seu objectivo era descobrir e descrever formalmente os significados que os seres humanos criam a partir das suas relações com o mundo e, em seguida, propor hipóteses sobre a intervenção dos processos de criação do significado. Centrava-se nas actividades simbólicas que os seres humanos empregavam na construção e na criação de sentido, não só a propósito do mundo mas também de si mesmos. O seu objectivo era incitar a psicologia a unir forças com as disciplinas interpretativas afins nas humanidades e nas ciências sociais. Na verdade, sob a superfície das ciências cognitivas mais orientadas para a computação, é precisamente o que tem acontecido – primeiro devagar, e agora com intensidade crescente. E hoje encontram-se centros florescentes de psicologia cultural, antropologia cognitiva e interpretativa, de linguística cognitiva e, acima de tudo, um próspero empreendimento mundial que se ocupa, como nunca antes acontecera desde Kant, com a filosofia da mente e da linguagem. É, provavelmente, um sinal

---

[4] Edward C. Tolman, "Cognitive Maps in Rats and Men", *Psychological Review* 55 (1948): 189-208. Tolman *Purposive Behavior in Animais and Men* (Nova Iorque: Century, 1932).

dos tempos que os dois indigitados para as Conferências Jerusalém-Harvard no ano académico de 1989/90 representem, cada um à sua maneira, esta tradição – o Prof. Geertz na antropologia e eu na psicologia.

A revolução cognitiva, na sua concepção original, requeria virtualmente que a psicologia se aliasse à antropologia e à linguística, à filosofia e à história, e até à disciplina do direito. Não é surpresa nem, decerto, um acidente que nesses primeiros anos a junta consultiva do Centro de Estudos Cognitivos de Harvard incluísse um filósofo, W. V. Quine, um historiador intelectual, H. Stuart Hughes, e um linguísta, Roman Jakobson. Ou que entre os Sócios do Centro se pudessem contar quase tantos filósofos, antropólogos e linguístas como psicólogos – entre os quais se encontravam representantes do novo construtivismo como Nelson Goodman. Quanto ao direito, devo declarar que vários membros distintos dessa faculdade frequentavam ocasionalmente os nossos colóquios. Um deles, Paul Freund, admitiu ir porque, segundo lhe parecia, nos interessávamos pelo modo como as regras (as regras gramaticais, mais do que as leis científicas) agiam sobre a acção humana, pois, no fim de contas, é disso que trata a jurisprudência ([5]).

Penso que já deveria ser claro que não queríamos "reformar" o behaviorismo, mas sim substituí-lo. Como o meu colega George Miller, anos mais tarde, afirmou: "Pregámos o nosso novo credo na porta, e esperámos para ver o que acontecia. Correu tudo bem, tão bem, de facto, que acabámos talvez por ter sido vítimas do nosso sucesso" ([6]).

Seria um ensaio arrebatador para a história intelectual do último quarto de século, o estudo que pudesse descrever o que foi necessário para dar um impulso à revolução cognitiva e como ela se dividiu e tecnificou. É melhor deixar a história completa para os historiadores intelectuais. Precisamos agora é de uns quantos

---

([5]) *Annual Reports of the Harvard University Center for Cognitive Studies* (Cambridge, Mass., 1961-1969).

([6]) George A. Miller, comunicação pessoal.

postes indicadores ao longo do caminho, suficientes para conferir sentido ao solo intelectual em que caminhamos. Foi muito cedo que, por exemplo, a ênfase começou a deslocar-se do "significado" para a "informação", da *construção* de significado para o *processamento* de informação. Estes são temas profundamente diferentes. O factor determinante nesta deslocação foi a introdução da computação como metáfora dominante e como critério necessário de um bom modelo teórico. A informação é indiferente quanto ao significado. Em termos computacionais, a informação abarca uma mensagem já precodificada no sistema. O significado é previamente atribuído a mensagens. Não é um resultado da computação nem é relevante para esta, salvo no sentido arbitrário de atribuição.

O processamento de informação regista mensagens ou recolhe-as de um endereço na memória segundo instruções de uma unidade central de comando, ou então conserva-as armazenadas temporariamente para, depois, as trabalhar de acordo com certas prescrições: lista, ordena, combina ou compara informação precodificada. O sistema que faz todas estas coisas é cego relativamente ao que está armazenado; não lhe interessa se são palavras dos sonetos de Shakespeare ou números de um quadro numérico aleatório. Segundo a teoria clássica da informação, uma mensagem é informativa se reduzir as escolhas alternativas. Isto implica um código de escolhas possíveis determinadas. As categorias de possibilidade e as instâncias que elas abrangem são processadas de acordo com a "sintaxe" do sistema, os seus movimentos possíveis. A informação lida aqui como significado, só o é na acepção do dicionário: ter acesso a uma informação lexical armazenada segundo um endereço codificado. Há outras operações de "aparente significado" tais como permutar um conjunto de entradas de modo a testar os resultados de acordo com um critério, como nos anagramas ou no jogo do *Scrabble*. Mas o processamento de informação só pode lidar com entradas bem definidas e arbitrárias que consigam inserir-se em relações específicas, estritamente geridas por um programa de operações elementares. Semelhante sistema não é compatível com a incerteza, com a polissemia ou com conexões metafóricas ou conotativas. Quando tal parece fazer, é um macaco no Museu Britânico matutando à volta do problema com um algoritmo de triturar ossos ou embarcando num veículo em heurística arriscada. O processamento da informação necessita de planificação prévia e de regras precisas ([7]). Exclui questões mal-formadas da índole seguinte: "Como está o mundo organizado na mente de um fundamentalista islâmico?" ou "Qual a diferença do conceito de Si mesmo na Grécia homérica e no mundo pós-industrial?" E favorece questões como: "Qual a melhor estratégia para fornecer a um operador o controlo de informação a fim de garantir que um veículo se mantenha numa órbita pré-determinada?" Mais à frente, teremos muito mais a dizer sobre o significado e os processos que o suscitam. Encontram-se surpreendentemente longe daquilo a que, por convenção, se chama "processamento de informação".

Não é de admirar, pois ainda está a ocorrer uma Revolução da Informação no mundo pós-industrial, que tal ênfase se tenha desenvolvido. A psicologia e as ciências sociais têm em geral sido sempre sensíveis, frequentemente demasiado sensíveis, às necessidades da sociedade que as acolhe. E foi sempre um reflexo intelectual da psicologia académica redefinir o homem e a sua mente à luz das novas exigências sociais. Não é de admirar que, em tais condições, o interesse se tenha deslocado da mente e do significado para os computadores e para a informação. Os computadores e a teoria da computação tornaram-se, nos anos 50, a metáfora radical do processamento de informação. Dadas certas categorias de significado pré-estabelecidas e assaz bem-formadas num domínio que possam fornecer uma base para código operante, um computador devidamente programado consegue realizar prodígios no processamento de informação com um conjunto mínimo de operações. Eis o céu tecnológico. E logo a computa-

---

([7]) Ver, por exemplo, Roy Lachman, Janet L. Lachman e Earl C. Butterfield, *Cognitive Psychology and Information Processing: An Introduction* (Hillsdale, N. J.: Lawrence Erlbaum Associates, 1979).

ção se tornou o modelo da mente; em vez do conceito de significado surgiu o conceito de computabilidade. Os processos cognitivos foram equiparados a programas que podiam correr num dispositivo computacional, e o êxito do esforço de "compreender", isto é, a consecução de memória ou do conceito, era a habilidade de simular realisticamente tal conceptualização ou memorização humanas com um programa de computador ([8]). Esta linha de pensamento encontrou um enorme apoio no revolucionário vislumbre de Turing, segundo o qual qualquer programa de computador, independentemente da sua complexidade, poderia ser "imitado" por uma Máquina Universal de Turing bem mais simples, que computava com um conjunto finito de operações primitivas. Se se cair no hábito de considerar esses programas complexos como "mentes virtuais" (para utilizar a expressão de Daniel Dennett), então bastará um passo pequeno, mas crucial, para acreditar que as "mentes reais" e os seus processos, tal como as "virtuais" e os seus processos, se poderão "explicar" do mesmo modo ([9]).

Este novo reducionismo facultou um programa espantosamente libertário à nova ciência cognitiva que estava a nascer. Era, efectivamente, tão permissivo que até os antigos teóricos da aprendizagem por estímulo e resposta e os investigadores associacionistas da memória podiam regressar ao seio da revolução cognitiva, na condição de embrulharem os seus antigos conceitos com os novos termos do processamento da informação. Não havia que negociar com processos "mentais" ou com o significado. Em vez de estímulos e respostas, tinha-se a entrada e a saída, com reforço lavado da sua mácula afectiva por se transformar num elemento de controlo, que alimentava a informação sobre o resultado de uma operação no sistema. Enquanto houvesse um programa computável, havia "mente".

([8]) Herbert A. Simon, *The Sciences of the Artificial,* 2.ª ed. (Cambridge, Mass.: MIT Press, 1981).

([9]) Daniel C. Dennett, "Evolution of Consciousness," Conferência Jacobsen, Universidade de Londres, 13 de Maio de 1988; Alan M. Turing, "Computing Machinery and Intelligence," Mind 59 (1950): 433-460.

A princípio, parece que esta versão calemburista da mente não provocou o tradicional pânico antimentalista entre os behavioristas, aparentemente convertidos. Todavia, começaram em boa altura a reemergir novas versões de antigas e familiares controvérsias clássicas, especialmente em ligação com debates sobre a chamada arquitectura da cognição: quer ela se viesse a conceber como um conjunto de estruturas de regras, encaixando-se numa hierarquia de tipo gramatical, para aceitação, rejeição ou combinação de entradas, quer se concebesse antes como uma rede conexionista de baixo para cima, com controlo inteiramente distribuído como nos modelos de PDP *(Parallel Distributed Processing* – Processamento de Distribuição Paralelo), um modelo muito parecido com a antiga doutrina associacionista, sem a síntese criativa de Herbart. A primeira simulava a tradição que partia de cima para baixo, a racionalistomentalista, na psicologia e oscilava facilmente entre as mentes "reais" e as mentes "virtuais"; a segunda era uma nova versão do que Gordon Allport costumava ridicularizar nas suas palestras como "empirismo seco e poeirento". O computacionalismo da Costa Leste lidava com termos evocativos da mente como regras, gramáticas, e quejandos. Os da Costa Ocidental não quiseram partilhar semelhante mentalismo simulado. O campo de batalha depressa começou a tomar um ar tradicional e familiar, embora os veículos que sobre ele corriam fossem muito mais velozes e com maior energia formalística. Mas se as suas manobras tinham a ver com a *mente* ou só com a teoria da computação permanece uma questão que ambos os lados consideravam como indefinidamente adiável. O tempo diria, asseverava-se aos indagadores, se do mau se poderia fazer algo de bom ([10]).

([10]) Comparar Noam Chomsky, *Language and the Problems of Knowledge: The Managua Lectures* (Cambridge, Mass.: MIT Press, 1988), com David E. Rumelhart, James L. McClelland, e o PDP Research Group, *Parallel Distributed Processing: Explorations in the Microstructure of Cognition,* vol. 1: *Foundations* (Cambridge, Mass.: MIT Press, 1986). James L. McClelland, David E. Rumelhart, e o PDP Research Group, *Parallel Distributed Processing: Explorations in the Microstructure of Cognition,* vol. 2: *Psychological and Biological Models* (Cambridge, Mass.: MIT Press, 1986).

Era inevitável que com a computação enquanto metáfora da nova ciência cognitiva e com a computabilidade enquanto critério necessário, se não suficiente, de uma teoria operacional dentro da nova ciência, o antigo mal-estar relativo ao mentalismo de novo surgisse. Com a mente equiparada ao programa, qual deverá ser o estatuto dos estados mentais – antiquados, identificáveis não pelas suas características programáticas num sistema computacional, mas pelas suas marcas subjectivas? Poderá não haver lugar para a "mente" em semelhante sistema – "mente" no sentido de estados intencionais como crer, desejar, intentar, apreender um significado. Cedo se fez ouvir o grito para banir tais estados intencionais da nova ciência. E, seguramente, nenhum livro publicado, mesmo na melhor época do antigo behaviorismo, poderia rivalizar em zelo antimentalista com a obra *From Folk Psychology to Cognitive Science* de Stephen Stich ([11]). Houve, decerto, esforços diplomáticos para apaziguar os mentalistas cognitivos da velha guarda e os corajosos antimentalistas modernos. Mas todos eles eram de forma ou a adular ou a submeter-se aos caprichos dos mentalistas. Dennett alvitrou, por exemplo, que devemos simplificar a acção *como se* as pessoas tivessem estados intencionais que as levavam a comportar-se de determinada maneira; mais tarde, descobrimos que não precisávamos de tais noções imprecisas ([12]). Paul Churchland admitiu relutantemente que, embora fosse interessante e problemático porque é que as pessoas aderiam com tanta tenacidade ao seu mentalismo manifestamente errado, algo havia a explicar em vez de se tomar como um dado adquirido. Talvez, como Churchland referiu, a psicologia comum pareça descrever como é que as coisas efectivamente se desenrolam, mas como pode uma crença, um desejo ou uma atitude ser a *causa* de algo no mundo

---

([11]) Stephen P. Stich, *From Folk Psychology to Cognitive Science: The Case against Belief* (Cambridge, Mass.: MIT Press, 1983).

([12]) Daniel C. Dennett, *The Intencional Stance* (Cambridge, Mass.: MIT Press, 1987).

físico, ou seja, no mundo da computação? ([13]) A mente no sentido subjectivo ou era um epifenómeno que o sistema computacional produzia sob certas condições, e então não poderia ser uma causa de algo, ou era apenas uma maneira de as pessoas falarem do comportamento após este ter ocorrido (também um resultado), e então tratava-se só de mais um comportamento, requerendo simplesmente uma ulterior análise linguística. E, claro, tenho de incluir o nativismo de Jerry Fodor: poderia igualmente ser um produto secundário de processos inatos embutidos no sistema, e então era mais um efeito do que uma causa ([14]).

Com o novo ataque aos estados mentais e à intencionalidade sobreveio um ataque paralelo ao conceito de acção. Os cientistas cognitivos, no seu todo, nada têm contra a ideia de que o comportamento seja dirigido, inclusive a objectivos. Se a direcção é governada pelos resultados provenientes do cálculo da utilidade de consequências alternativas, então isso é perfeitamente suportável e é, decerto, o cerne da "teoria racional de escolha". Mas a ciência cognitiva com a sua nova disposição e, apesar de toda a sua hospitalidade para com o comportamento teleológico, é ainda desconfiada face ao conceito de acção. "Acção" implica a condução do agir sob a influência de estados intencionais. Por isso, a acção baseada na crença, no desejo e no empenhamento moral – a não ser que seja puramente estipulativa no sentido de Dennett – é agora olhada como algo a evitar pelos cientistas cognitivos bem intencionados. Tal como o livre arbítrio entre os deterministas ([15]). Houve corajosas recusas contra o novo anti-intencionalismo, como os filósofos John Searle e

---

([13]) Paul M. Churchland, "The Ontological Status of Intencional States: Nailing Folk Psychology to Its Porch", *Behavioral and Brain Sciences* 11 (1988): 507-508.

([14]) Jerry A. Fodor, *The Language of Thought* (Nova Iorque: Crowell, 1975). Fodor, *Psychosemantics: The Problem of Meaning in the Philosophy of Mind* (Cambridge, Mass.: MIT Press, 1987).

([15]) Dennett, *Intentional Stance*.

Charles Taylor, ou o psicólogo Kenneth Gergen, ou o antropólogo Clifford Geertz, mas as suas concepções foram marginalizadas pela maioria do computacionalismo predominante ([16]).

Estou plenamente consciente de que posso estar a dar uma imagem exagerada do que aconteceu à revolução cognitiva, quando esta se subordinou ao ideal da computabilidade no edifício da ciência cognitiva. Advirto que quando um *genuíno* cientista cognitivo usa a expressão "inteligência artificial" (nem que seja só uma vez), ela é quase invariavelmente seguida pelas iniciais maiúsculas "IA" entre parênteses: "(IA)". Menciono esta abreviatura para indicar uma de duas coisas. A forma abreviada sugere o encurtamento requerido pela Lei de Zipf: a extensão de uma palavra ou expressão é inversa à sua frequência – "televisão" eventualmente reduzida a "TV" –, com a abreviatura "(IA)" celebrando a sua comparável ubiquidade e a sua penetração no mercado. O alarde da AI consiste em que ela trata de *todos* os artefactos análogos à mente, e até da própria mente, se nesta se vir unicamente outro artefacto, que se ajusta aos princípios da computação. Ora a abreviatura pode, por outro lado, ser um sinal de embaraço: ou porque há uma aura de obscenidade em torno da artificialização de algo tão natural como a inteligência (a propósito, IA pode ser a abreviatura embaraçosa de *inseminação* artificial), ou porque IA é uma abreviatura do que, na sua forma plena, pode ser um oxímoro (a vitalidade da inteligência associada à insipidez da artificialidade). Tanto o alarde sugerido pela Lei de Zipf como o embaraço do encobrimento são merecidos. A ciência cognitiva prestou, sem dúvida, um contributo à nossa compreensão do modo como a informação é tratada e processada. Nem pode haver dúvidas quanto à reflexão de que ela deixou largamente inexplicados e até um tanto obscurecidos os grandes problemas que, em primeiro lugar, inspiraram a revolução cognitiva. Voltemos, pois, à questão de

---

([16]) Charles Taylor, *Sources of The Self* (Cambridge, Mass.: Harvard University Press, 1989).

como construir uma ciência mental à volta do conceito de significado e dos processos pelos quais os significados são criados e negociados dentro de uma comunidade.

*

Comecemos com o próprio conceito de cultura, particularmente o seu papel constitutivo. O que era óbvio no início era talvez demasiado óbvio para ser totalmente apreciado, pelo menos por nós psicólogos que, por hábito e tradição, pensamos mais em termos individualistas. Os sistemas simbólicos que os indivíduos usavam na construção do significado eram sistemas já implantados, já estavam "ali", profundamente enraizados na cultura e na linguagem. Constituíam uma espécie muito especial de estojo comunitário de ferramentas que, uma vez usado, fazia do utilizador um reflexo da comunidade. Nós, psicólogos, concentrámo-nos no modo como os indivíduos "adquiriam" estes sistemas, como os tornavam seus, e indagávamos como é que os organismos em geral conseguiam adaptações hábeis ao ambiente natural. Até nos interessámos (mais uma vez de uma maneira individualista) pela disposição inata específica do homem para a linguagem. Mas, salvo raras excepções, nomeadamente Vygotsky, não nos dedicamos ao impacto do uso da linguagem na natureza do homem como espécie ([17]). Fomos lentos em compreender inteiramente o que significava a emergência da cultura para a adaptação e funcionamento humanos. Não foi apenas o crescimento do volume e do poder do cérebro humano, nem somente o bipedismo e a sua libertação das mãos – simples passos morfológicos na evolução que não teriam tido importância excepto para a emergência concomitante de sistemas simbólicos partilhados, de modos tradicionais de viver e de trabalhar em conjunto, em suma, da cultura humana.

([17]) Lev S. Vygotsky, *Thought and Language* (Cambridge, Mass.: MIT Press, 1962).

A linha divisória na evolução humana transpôs-se quando a cultura se tornou o factor principal na configuração das mentes dos que vivem sob a sua influência. Produto da história mais do que da natureza, a cultura tornou-se agora o mundo a que temos de nos adaptar e o estojo de ferramentas para tal fazer. Uma vez passada a linha divisória, já não se tratava de uma mente "natural" que simplesmente *adquiria* a linguagem como adição. E também não se tratava de uma cultura que sintoniza ou modula as necessidades biológicas. Como Clifford Geertz refere, sem o papel *constituinte* da cultura, somos "monstruosidades inexequíveis... animais incompletos ou inacabados que só se completam a si próprios através da cultura" ([18]).

Estas são, por agora, meras conclusões banais na antropologia, mas não na psicologia. Há três boas razões para as mencionar aqui, no princípio da nossa discussão. A primeira é um profundo ponto metodológico: o argumento constitutivo. E a participação do homem *na* cultura e a realização dos seus poderes mentais *através* da cultura que torna impossível a construção de uma psicologia humana com base apenas no indivíduo. Como Clyde Kluckhohn, meu colega de há muitos anos costumava sublinhar, os seres humanos não estão limitados à sua própria pele; são expressões de uma cultura. Olhar o mundo como um fluxo indiferente de informação a ser processado por indivíduos, cada qual à sua maneira, é perder de vista o modo como eles são formados e como funcionam. Ou, para citar Geertz mais uma vez, "não existe uma natureza humana, independente da cultura" ([19]).

A segunda razão decorre daqui e não é menos consistente. Dado que a psicologia está tão imersa na cultura, deve organizar-se em torno dos processos de produção e de uso do significado que ligam o homem à cultura. Isto *não* nos condena a mais subjectividade na psicologia; pelo contrário. Como resultado da participação na cultura, o significado torna-se *público e parti-*

([18]) Geertz, *Interpretation of Cultures*, p. 49.
([19]) *Idem*.

lhado. O nosso modo de vida, culturalmente adaptado, depende dos significados e dos conceitos comparticipados, bem como dos modos de discurso partilhados para negociar as diferenças no significado e na interpretação. Como tentarei relatar no terceiro capítulo, a criança não entra na vida do seu grupo como num desporto privado e autístico de processos primários, mas antes como participante num processo público mais vasto, no qual se negoceiam os significados públicos. E, neste processo, os significados não são para seu benefício pessoal a não ser que ela os obtenha partilhados por outros. Inclusive os fenómenos aparentemente privados como os "segredos" (também eles uma categoria definida culturalmente), quando revelados, acabam por ser publicamente interpretáveis e até banais – tão padronizados, aliás, como assuntos abertamente admitidos. Há até meios estandardizados para "fabricar desculpas" para a nossa excepcionalidade quando os significados intentados das nossas acções se tornam obscuros, modos estandardizados de tornar o significado público e, assim, de relegitimar o que nos incumbe ([20]). Por mais ambíguo ou polissémico que seja o nosso discurso, ainda conseguimos levar os nossos significados para o domínio público e de, aí, os negociar. Equivale isto a dizer que vivemos publicamente mediante significados públicos e procedimentos de interpretação e de negociação partilhados. A interpretação, por mais "densa" que se possa tornar, deve ser publicamente acessível ou a cultura cai na confusão, juntamente com os seus membros individuais.

A terceira razão por que a cultura deve ser um conceito central para a psicologia reside no poder do que denomino "psicologia comum" *(folk psychology)*. A psicologia comum, à qual dedicarei o segundo capítulo, é uma explicação cultural do que faz funcionar os seres humanos. Inclui uma teoria da mente, da nossa e da dos outros, uma teoria da motivação, e quejandos. Eu deveria chamá-la "etnopsicologia" para tornar o termo comparável a

---

([20]) John L. Austin, "A Plea for Excuses", em Austin, *Philosophical Papers*, 2.ª ed. (Oxford: Clarendon Press, 1970), 175-204.

expressões como "etnobotânica", "etnofarmacologia", e a outras disciplinas aborígenes que são, por fim, desalojadas pelo conhecimento científico. Mas a psicologia comum, embora se transforme, não é deslocada pelos paradigmas científicos. Lida com a natureza, as causas e consequências dos estados intencionais – crenças, desejos, intenções, compromissos – que a psicologia científica, em grande parte, descura no seu esforço por explicar a acção humana de um ponto de vista extrínseco à subjectividade, formulado na inteligente frase de Thomas Nagel como uma "visão de lado nenhum" [21]. Assim, a psicologia comum continua a dominar as transacções da vida quotidiana. E, embora se transforme, resiste a ser submetida pela objectividade, pois está radicada numa linguagem e numa estrutura conceptual partilhada que são baseadas em estados intencionais – crenças, desejos e compromissos. E uma vez que é um reflexo da cultura, participa no modo que esta tem de avaliar e de conhecer. De facto, *tem* de fazê-lo, porque as instituições culturais normativamente orientadas – as suas leis, instituições educacionais, estruturas familiares – servem para reforçar a psicologia comum. E, ela, por sua vez, serve para justificar tal reforço. Mas esta é uma história para mais tarde.

A psicologia comum não tem carácter definitivo. Modifica-se com as respostas mutáveis da cultura ao mundo e à gente que nele vive. Vale a pena perguntar como é que as opiniões de heróis intelectuais como Darwin, Marx e Freud se transformaram gradualmente e ingressaram na psicologia comum e, digo isto para deixar claro que a psicologia cultural (como veremos no último capítulo) é, muitas vezes, indistinguível da história da cultura.

A fúria antimentalista a propósito da psicologia comum era simplesmente o alvo. A ideia de a lançar pela borda fora para se conseguir livrar dos estados mentais nas nossas explicações diárias do comportamento humano equivale a deitar fora os muitos

---

[21] Thomas Nagel, *The View from Nowhere* (Nova Iorque: Oxford University Press, 1986).

fenómenos que a psicologia precisa de explicar. É em termos de categorias psicológicas comuns que nos colocamos, a nós próprios e aos outros, à prova. É através da psicologia comum que as pessoas antecipam e se julgam umas às outras, tiram conclusões sobre a importância das suas vidas, e assim por diante. O seu poder sobre o funcionamento mental e a vida humana é que fornece os meios genuínos pelos quais a cultura configura os seres humanos segundo as suas exigências. A psicologia científica, no fim de contas, faz parte desse mesmo processo cultural e a sua posição face à psicologia comum tem consequências para a cultura em que está inserida – um assunto que abordaremos em breve.

*

Mas estou a ir demasiado longe e com excessiva pressa, e a calcar tiranicamente as cautelas que, na maioria das vezes, levam os condutistas a evitar uma psicologia centrada no significado e culturalmente orientada. Foram estas precauções que, desconfio, facilmente induziram a Revolução Cognitiva a afastar-se de alguns dos seus objectivos originais. Incidem essencialmente em dois problemas – e ambos "problemas fundadores" da psicologia científica. Um diz respeito, à restricção e saneamento dos estados subjectivos não tanto como *dados* da psicologia, pois o operacionalismo permite-nos aceitá-los como "respostas discriminatórias", por exemplo, mas como conceitos *explicativos*. E decerto o que justamente propus sobre o papel mediador do significado e da cultura e da sua incorporação na psicologia comum parece cometer o "pecado" de elevar a subjectividade a um estatuto explicativo. Nós, psicólogos, nascemos no positivismo e não gostamos das noções referentes a estados intencionais como crença, o desejo e intenção enquanto explicações. A outra cautela refere-se ao relativismo e ao papel dos universais. Uma psicologia baseada na cultura soa como se precisasse de se afundar no relativismo exigindo uma teoria da psicologia diferente para cada cultura que estudamos. Deixem-me examinar cada uma destas precauções.

Muita da desconfiança face ao subjectivismo nos nossos conceitos explicativos tem a ver, penso eu, com a alegada discrepância entre o que as pessoas *dizem e* o que elas realmente *fazem.* Uma psicologia culturalmente sensível (sobretudo a que confere um papel central à psicologia comum como factor mediador) é, e deve ser, baseada não apenas no que as pessoas realmente *fazem,* mas no que elas *dizem* fazer e no que *dizem* que as levou a fazer o que fizeram. Diz igualmente respeito ao que as pessoas *dizem* que os outros fizeram e porquê.

E, acima de tudo, refere-se ao que as pessoas *dizem* ser os seus mundos. Desde a rejeição da introspecção como método central da psicologia, ensinaram-nos a tratar essas "ditas" explicações como não merecedoras de confiança, e até de um modo filosófico algo estranho como falso. A nossa preocupação com os critérios verificacionistas do significado, como Richard Rorty salientou, tornou-nos devotos da previsão como o critério da "boa" ciência, incluindo a "boa psicologia" [22]. Por conseguinte, julgamos o que as pessoas dizem acerca de si e sobre os seus mundos ou sobre os outros e os mundos deles, quase exclusivamente em termos de prever ou fornecer uma descrição verificável do que *fazem, fizeram ou farão.* Se assim não acontecer, então, com uma ferocidade humeana, olhamos o que se disse como "nada excepto erro e ilusão". Ou, talvez, como meros "sintomas" que, quando devidamente interpretados, nos levarão à "causa" verdadeira do comportamento cuja previsão foi o nosso alvo.

Inclusive Freud, com a sua devoção ocasional à ideia de "realidade psíquica", encorajou este tipo de mente – desde que, como Paul Ricoeur com tanta acutilância expõe, Freud aderiu por vezes ao modelo fisicalista do século XIX que desaprovou explicações mediante estados intencionais [23]. Por isso, faz parte da

---

[22] Richard Rorty, *Philosophy and the Mirror of Nature* (Princeton: Princeton University Press, 1979).

[23] Paul Ricoeur, *Freud and Philosophy: An Essay on Interpretation* (New Haven: Yale University Press, 1970).

nossa herança como homens e mulheres modernos pós-freudianos, fazer uma careta ao que as pessoas *dizem*. É "unicamente" conteúdo manifesto. As causas reais podem nem ser acessíveis à consciência vulgar. Sabemos tudo acerca das defesas do ego e da racionalização. Quanto ao conhecimento do Si mesmo, é um sintoma de compromisso endurecido na interacção entre a inibição e a ansiedade, uma formação que, se vier a conhecer na totalidade, terá de ser arqueologicamente escavada com as ferramentas da psicanálise.

Ora, em termos mais contemporâneos, como nos cuidadosos estudos referidos por Lee Ross e Richard Nisbett, é manifesto que as pessoas não podem descrever correctamente nem a base das suas opções nem as tendências que evitam a distribuição de tais opções [24]. E se ainda fosse necessária uma prova mais poderosa desta generalização, poderia encontrar-se no trabalho de Amos Tversky e Daniel Kahnemann que, na verdade, citam como percursor um famoso volume de Bruner, Goodnow e Austin [25].

Existe uma curiosa tendência na alegação de que "o que as pessoas dizem não é necessariamente o que fazem". Isto implica que o que as pessoas *fazem* é mais importante, mais "verdadeiro", do que o que elas *dizem,* ou que o último só é importante em virtude do que pode revelar sobre o primeiro. É como se o psicólogo quisesse lavar as suas mãos dos estados mentais e da sua organização, como que para declarar que "dizer", afinal, *é apenas* sobre o que se pensa, sente, acredita e experimenta. É curioso que haja tão poucos estudos que vão na outra direcção: como é que o que se *faz* revela o que se pensa, sente ou acredita?

---

[24] Richard E. Nisbett e Lee Ross, *Human Inference: Strategies and Shortcomings of Social Judgement* (Englewood Cliffs, N.J.: Prentice-Hall, 1980).
[25] Daniel Kahnemann, Paul Slovic, e Amos Tversky, *Judgement under Uncertainty: Heuristics and Biases* (Nova Iorque: Cambridge University Press, 1982). Jerome S. Bruner, Jacqueline J. Goodnow, e George A. Austin, *A Study of Thinking* (Nova Iorque: John Wiley and Sons, 1956).

Isto apesar do facto de que a nossa psicologia comum ser sugestivamente rica em tais categorias como "hipocrisia", "insinceridade" e quejandos.

Esta ênfase unilateral da psicologia científica é, de facto, curiosa à luz dos nossos modos quotidianos de lidar com a relação entre o dizer e o fazer. Para começar, quando as pessoas agem de uma forma ofensiva, o primeiro passo que damos é para descobrir se o que elas aparentemente fizeram é de facto o que pretenderam fazer – descortinar se os seus estados mentais (revelados pelo dizer) e as suas acções (reveladas pelo fazer) coincidiam ou não. E se elas disserem que não o pretendiam fazer, desculpamo-las. Se a sua acção foi premeditada, podemos tentar então "argumentar com elas" – ou seja, "persuadi-las a abandonar semelhante conduta". Ou elas podem tentar levar-nos a cessar com o nosso desagrado pelas suas acções "dando uma desculpa", que é uma maneira verbal de explicação, e legitimando assim o seu comportamento como isento de censura. Quando certas pessoas continuam a ser ofensivas para um número suficientemente grande de outras, pode tentar-se convencê-las a ir a um psiquiatra que, por meio de uma cura com base no *diálogo,* tentará emendar o seu *comportamento.*

Na verdade, o significado posto na maioria dos actos realizados pelos participantes em qualquer encontro do dia-a-dia depende do que eles dizem previamente uns aos outros, ou depois de terem agido. Ou do que eles são capazes de pressupor acerca do que os outros *diriam,* num determinado contexto. Tudo isto é evidente, não apenas ao nível informal do diálogo, mas também ao nível formal do diálogo privilegiado enquanto codificado, por exemplo, no sistema legal. A lei dos contratos baseia-se inteiramente na relação entre a acção e o que foi dito. E é assim também, de um modo menos formal, a conduta do casamento, do parentesco, da amizade e do companheirismo.

Funciona em ambas as direcções. O significado da fala é poderosamente determinado pelo curso da acção em que ocorre – "Sorri, quando disseres isso!" – do mesmo modo que o significado da acção é interpretável apenas pela referência ao que os actores dizem que vão fazer – "Desculpe" em sequência de uma colisão acidental. Afinal, já passou um quarto de século desde a introdução da teoria do acto de fala de John Austin ([26]). Para quem queira concentrar-se na hipótese de se o que as pessoas dizem prediz o que elas farão, a única resposta apropriada é a de que separar assim os dois conceitos é fazer má filosofia, má antropologia e má psicologia, e impossibilitar o direito. Dizer e fazer representam uma unidade funcionalmente inseparável numa psicologia de orientação cultural. Quando, no próximo capítulo, discutirmos alguns das "máximas de trabalho" da psicologia comum, esta será uma consideração crucial.

Uma psicologia culturalmente orientada não dispensa o que as pessoas dizem dos seus estados mentais, nem trata as suas declarações apenas como se fossem índices de previsão do comportamento manifesto. O que ela considera central é que a relação entre a acção e o dizer (ou a experiência) é, na realidade, *na conduta vulgar de vida,* interpretável. Assevera que há uma congruência publicamente interpretável entre o dizer, o fazer e as circunstâncias em que eles ocorrem. Ou seja, há relações canónicas acordadas entre o significado do que dizemos e o que fazemos em determinadas circunstâncias, e essas relações governam o modo como conduzimos as nossas vidas uns com os outros. Há, ademais, procedimentos de negociação para voltar à norma quando essas relações canónicas são violadas. Eis o que torna a interpretação e o significado centrais para uma psicologia cultural – ou, aliás, para qualquer psicologia ou ciência mental.

Uma psicologia cultural, quase por definição, não estará preocupada com "o comportamento" mas com "a acção", a sua parte correspondente intencionalmente fundamentada, e de modo mais específico, com *a acção situada* – acção situada num âmbito cultural, e na interacção mútua dos estados intencionais dos par-

---

([26]) John L. Austin, *How to Do Things with Words* (Cambridge, Mass.: Harvard University Press, 1962).

ticipantes. O que não quer dizer que a psicologia cultural dispense para sempre as experiências laboratoriais ou a procura dos universais humanos, uma matéria para a qual nos viramos agora. Procurei que a psicologia deixasse de tentar ser "neutra quanto ao significado" no seu sistema de explicação. Os povos e as culturas que constituem o seu objecto são governados por significados e valores partilhados. As pessoas arriscam as suas vidas na sua demanda e cumprimento, morrem por eles. Afirmou-se já que a psicologia deve ser culturalmente neutra, se é que conta algum dia descobrir um conjunto de universais humanos transcendentes – mesmo se esses universais forem vedados por especificações sobre variações "interculturais" ([27]). Deixem-me propor um modo de conceber universais humanos, que se coaduna com a psicologia cultural, embora escape tanto às indeterminações do relativismo como às trivialidades da psicologia intercultural. A psicologia cultural *não* é só uma psicologia intercultural que fornece uns quantos parâmetros para explicar variações locais nas leis universais do comportamento. Nem, como veremos presentemente, condena ninguém a um relativismo elástico.

A solução para o problema dos universais reside na exposição de uma falácia largamente defendida e algo fora de moda, que as ciências humanas herdaram do século XIX, uma visão sobre a relação entre a biologia e a cultura. Nessa versão, a cultura concebia-se como uma "cobertura" na natureza humana biologicamente determinada. Pensava-se que as *causas* do comportamento humano residiam nesse substrato biológico. Da minha parte, pretendo antes asserir que a cultura e a busca do significado dentro da cultura são as causas genuínas da acção humana. O substrato biológico, os chamados universais da natureza humana, não é a causa da acção mas, no máximo, uma *constrição* sobre ela ou uma *condição* para ela. O motor do automóvel não é a causa

---

([27]) Para uma visão empenhada e bem informada deste mesmo tema, ver Michael Cole, "Cultural Psychology", em *Nebraska Symposium:* 1989 (Lincoln: University of Nebraska Press, futuro).

que nos "faz" ir ao supermercado para as compras semanais, da mesma maneira que o nosso sistema reprodutor biológico não é "causa" que nos leva muito provavelmente a casar com alguém da nossa classe social, grupo étnico, e assim por diante. Mas é verdade que sem carros dotados de motor não poderíamos guiar até aos supermercados e também seria pouco provável haver casamento sem um sistema reprodutor.

Mas "constrição" expõe o assunto de uma forma demasiado negativa. Os limites impostos biologicamente ao funcionamento humano são também desafios para a invenção cultural. O acervo instrumental de qualquer cultura pode descrever-se como um conjunto de dispositivos protéticos pelos quais os seres humanos podem exceder ou até redefinir os "limites naturais" do funcionamento humano. Os utensílios humanos são precisamente deste tipo – macios e duros. Há, por exemplo, um limite biológico constringente na memória imediata – o famoso "sete mais ou menos dois" de George Miller [28]. Mas construímos engenhos simbólicos para exceder este limite: sistemas codificados como os dígitos octais, estratégias mnemónicas, truques de linguagem. Relembro que o ponto principal de Miller nesse importante estudo foi que, através da conversão dos dados de entrada mediante esses sistemas codificados, nós, como seres humanos enculturados, nos tornamos capazes de lidar com sete *grandes pedaços* de informação, em vez de sete *bocadinhos*. O nosso conhecimento torna-se, então, conhecimento enculturado, armazenamento indefinível num sistema culturalmente alicerçado de notação. No processo, transpusemos os limites originais impostos pela chamada biologia da memória. A biologia constrange, mas não para sempre.

Considerem-se os chamados motivos humanos naturais. Seria idiota negar que as pessoas se zangam ou se tornam sensuais ou que há um substrato biológico para semelhantes estados.

---

[28] G. A. Miller, "The Magical Number Seven, Plus or Minus Two: Some Limits on Our Capacity for Processing Information", *Psychological Review* 63 (1956): 81-97.

Mas o empenhamento do judeu devoto em jejuar no *Yom Kippur* ou o do fiel muçulmano em observar o Ramadão não se alcança através de uma exposição da psicologia da fome. E o tabu do incesto é poderoso e directivo de uma maneira que as gonadotrofinas não são. Nem o empenhamento cultural em certos alimentos ou em certas ocasiões alimentares são apenas uma "conversão" de impulsos biológicos em preferências psicológicas. Os nossos desejos e as nossas acções a seu favor são mediados por meios simbólicos. Como Charles Taylor assere no seu brilhante livro, *Sources of the Self,* o empenhamento não é apenas uma preferência. É uma crença, uma "ontologia", como ele o designa, que um certo modo de vida mereça apoio, mesmo apesar de acharmos difícil viver à sua altura. As nossas vidas, como veremos no quarto capítulo, são dedicadas a encontrar semelhantes desempenhos em termos destes modos de vida – sofrendo para o fazer, se necessário for.

Obviamente, há também constrições impostas ao empenhamento em modos de vida que são mais biológicos do que culturais. A exaustão física, a fome, a doença e a dor podem romper as nossas vinculações ou impedir o seu desenvolvimento. Elaine Scarry sublinha, no seu comovente livro *The Body in Pain,* que o poder da dor (como na tortura) consiste em destruir a nossa ligação ao mundo pessoal e cultural e em eliminar o contexto significativo que guia as nossas esperanças e anelos [29]. Estreita a consciência humana até ao ponto de o homem, como bem sabem os torturadores, se tornar literalmente uma besta. E mesmo então, a dor nem sempre é bem sucedida, tão poderosos são os laços com os significados que dão sentido à vida. A terrível bestialização do Holocausto e dos seus campos de morte foi planeada tanto para desumanizar como para matar, e foi isto que dele fez o momento mais negro da história humana. Os homens já antes se tinham matado uns aos outros, embora nunca em tal

---

[29] Elaine Scarry, *The Body in Pain: The Making and Unmaking of the World* (Nova Iorque, Oxford University Press, 1985).

escala ou com tal burocratização. Mas nunca houvera semelhante esforço concertado para desumanizar através do sofrimento, da dor e da humilhação intolerável.

Foi um mérito de Wilhelm Dilthey e da sua *Geisteswissenschaft,* da sua ciência humana de raiz cultural, ter reconhecido o poder da cultura para fomentar e guiar uma espécie recente e sempre mutável ([30]). Quero aliar-me às suas aspirações. Pretendo asseverar neste livro o seguinte: a cultura e a demanda do significado constituem a mão modeladora; a biologia constitui a constrição e, como já vimos, a cultura até tem o poder de enfraquecer tal constrição.

Mas para que tal não se afigure ser um prefácio a um novo optimismo sobre a humanidade e o seu futuro, deixem-me esclarecer um ponto antes de voltar, como prometi, ao problema do relativismo. Apesar da sua criatividade produtiva, a cultura humana não é necessariamente benigna nem é particularmente maleável na resposta às perturbações. É ainda habitual, como na moda das antigas tradições, atribuir as deficiências da cultura humana à "natureza humana" – quer como instintos, como pecado original, ou seja o que for. Até Freud, com a sua sagaz visão da loucura humana, caiu muitas vezes nesta armadilha, em especial na sua doutrina do instinto. Mas tal é seguramente uma forma de conveniente e auto-satisfatória desculpa. Poderemos realmente invocar a nossa herança biológica para explicar, digamos, a burocratização que invade a vida nos dias de hoje, com a sua consequente erosão da identidade pessoal e da compaixão? Invocar demónios biológicos ou "Satanás" é subtrair-se à responsabilidade pelo que nós próprios criámos. Não obstante todo o nosso poder para construir culturas simbólicas e para implantar as forças institucionais necessárias à sua execução, não parecemos muito peritos em dirigir as nossas criações para os fins que professamos

---

([30]) Hans Peter Rickman, *Wilhelm Dilthey : Pioneer of the Human Studies* (Berkeley: University of California Press, 1979). Wilhelm Dilthey, *Descriptive Psychology and Historical Understanding* (1911), (The Hague: Nijhoff, 1977).

desejar. Seria melhor questionarmos o nosso engenho em construir e reconstruir formas de vida comunitárias do que invocarmos a deficiência do genoma humano. Não se trata de dizer que as formas de vida comunitárias são fáceis de mudar, mesmo na ausência de restrições biológicas, mas apenas de focar a atenção onde ela deve incidir, não nas nossas limitações biológicas, mas na nossa criatividade cultural.

E isto encaminha-nos inevitavelmente para o tema do relativismo. Que pretendemos dizer ao asserirmos que não somos muito "peritos" ou "engenhosos" na construção dos nossos mundos sociais? Quem é que assim julga, e por que padrões? Se a cultura forma a mente e se as mentes formulam tais juízos de valor, não estaremos trancados num relativismo inevitável? É melhor examinar o que tal pode significar. Deve preocupar-nos aqui sobretudo o lado epistemológico do relativismo, e não o valorativo. É "absoluto" o que nós conhecemos, ou é sempre relativo a alguma perspectiva, a algum ponto de vista? Haverá uma "realidade aborígene" ou, como Nelson Goodman afirmou, será a realidade uma construção ([31])? Actualmente, a maioria das pessoas optaria por uma perspectiva mais suave. Mas muito poucos estão preparados para abandonar de vez a noção de uma singular realidade aborígene. De facto, Carol Feldman propôs um futuro universal humano cuja tese principal é que nós dotamos as conclusões dos nossos cálculos cognitivos com um especial estatuto ontológico "externo" ([32]). Os nossos pensamentos, por assim dizer, estão "aqui dentro". As nossas conclusões estão "ali fora". Ela designa esta deficiência humana por "esvaziamento ôntico" e nunca teve de procurar longe exemplos do seu universal. Todavia, na maioria das interacções humanas, as "realidades" resultam de

---

([31]) Ver Goodman, *Of Mind and Other Matters,* para uma exposição coerente das fundações filosóficas desta posição.

([32]) Carol Fleisher Feldman, "Thought from Language: The Linguistic Construction of Cognitive Representations", em Jerome Bruner e Helen Haste, orgs., *Making Sense: The Child's Construction of the World* (Londres: Methuen, 1987).

prolongados e intrincados processos de construção e negociação profundamente implantados na cultura. Serão as consequências de praticar tal construtivismo e de reconhecer que as fazemos tão terríveis quanto elas parecem? Será que tal prática conduz realmente a um relativismo onde "tudo vale"? O requisito básico do construtivismo diz apenas que o conhecimento está "certo" ou "errado" à luz da perspectiva que decidimos tomar. Exactidões ou erros deste tipo – embora os possamos testar – não equivalem a verdades e a mentiras absolutas. O melhor que podemos esperar é aperceber-nos da nossa própria perspectiva e dos outros, quando reivindicamos a nossa "correcção" ou o nosso "erro". Posto isto, o construtivismo dificilmente parece exótico. É o que os eruditos legais referem como "o lado interpretativo" ou, na expressão de um deles, um afastamento do "significado autoritário".

Richard Rorty, na sua exploração das consequências do pragmatismo, argumenta que o interpretativismo faz parte de um movimento profundo e lento para despir a filosofia dos seu estatuto "fundacional" ([33]). Divisa no pragmatismo – e a visão que tenho vindo a expressar enquadra-se nesta categoria – um "mero antiessencialismo aplicado a noções como "verdade", "conhecimento", "linguagem", "moralidade" e outros objectos similares da teorização filosófica", e ilustra-o referindo a definição da "verdade" de William James como "o que é bom na forma de crença". Apoiando James, Rorty comenta: "a sua tónica é que não serve de nada dizer que a verdade "corresponde à realidade"... Podem, decerto, juntar-se aos pares pedacinhos do que se considera ser o mundo de tal maneira que as frases em que se acredita tenham estruturas isomórficas internas às relações entre as coisas no mundo". Mas uma vez que se vai além de simples enunciados tais como "o gato está na almofada" e se começa a trabalhar com universais ou hipóteses ou teorias, tais pares tor-

---

([33]) Richard Rorty, *Consequentes of Pragmatism: Essays,* 1972-1980 (Minneapolis: University of Minnesota Press, 1982).

nam-se "confusos *e ad hoc*". Estes exercícios de pares ajudam muito pouco a determinar "porquê ou se a nossa visão actual do mundo é, mais ou menos, a única que devemos ter". Levar este exercício até ao limite, Rorty insiste, e com razão, é "querer que a verdade tenha uma essência", que seja verdadeira num sentido absoluto. Mas dizer algo útil sobre a verdade, prossegue ele, é "explorar mais a prática do que a teoria ... a acção mais do que a contemplação". Enunciados abstratos como " a História é o relato da luta de classes" não se devem julgar, restringindo-se a questões como "Será que esta asserção bate certo?" As questões pragmáticas e perspectivistas são mais do tipo: "Como é que seria acreditar nisso?" ou "Em que é que me empenharia, se acreditasse nisso?" E isto está muito longe do tipo de essencialismo kantiano que busca princípios que estabeleçam a essência definidora do "conhecimento" ou da "representação" ou da "racionalidade" [34].

Permitam-me uma ilustração com a investigação de um pequeno caso. Queremos saber mais sobre a mestria intelectual. Então decidimos, impensadamente, usar a actuação escolar como a nossa medida para "a" avaliar e prever o "seu" desenvolvimento. Afinal, onde quer que se trate de proeza da inteligência, a actuação escolar é de regra. Em seguida, à luz da nossa perspectiva escolhida, os Negros na América têm menos "mestria" do que os Brancos que, por sua vez, têm um pouco menos do que os Asiáticos. Que tipo de descoberta é *esta?* – pergunta o crítico pragmático. Se a boa vontade prevalecer no debate subsequente, ocorrerá um processo do que só se pode denominar como destruição e reconstrução. Que significa a actuação na escola e como é que se relaciona com outras formas de actuação? E quanto à mestria intelectual, que significa "ela"? É singular ou plural, e não poderá a sua real definição depender de um processo subtil em que a cultura selecciona certos traços

---

[34] Richard Rorty, "Pragmatism, Relativism, and Irrationalism", *em Consequences of Pragmatism*. Citações da p. 162 e seguintes.

para os honrar, recompensar e cultivar – como Howard Gardner propôs ([35])? Ou, numa perspectiva política, teria a própria actuação escolar sido fraudulentamente manobrada através da escolha de currículos de forma a legitimar o aparecimento dos "possuidores" enquanto se marginalizavam os "não possuidores"? Muito em breve, o problema do que "a proeza intelectual" *é* será substituído por questões de como é que desejamos *usar* o conceito à luz de uma variedade de circunstâncias – políticas, sociais, económicas e até científicas.

Eis um debate tipicamente construtivista e um procedimento tipicamente pragmático para o resolver. Será relativismo? Será a temida forma de relativismo onde uma crença é tão boa como qualquer outra? Toda a gente apoiará realmente essa visão, ou o relativismo é antes algo evocado pelos filósofos essencialistas para fortalecer a sua fé na "verdade simples" – um colega imaginário que sempre teve o papel de desmancha-prazeres no jogo da razão pura? Penso que Rorty está certo quando diz que o relativismo não é o empecilho para o construtivismo e para o pragmatismo. Fazer as perguntas do pragmatista – Como é que esta visão pode afectar a minha visão do mundo ou os meus empenhamentos nele? – não leva decerto ao "tudo vale". Pode conduzir a um desembrulhar de pressuposições, no máximo, a explorar os compromissos de cada qual.

No seu profundo livro *The Predicament of Culture,* James Clifford observa que as culturas, se é que alguma vez foram homogéneas, já não o são, e que o estudo da antropologia se torna inevitavelmente um instrumento na gestão da diversidade ([36]). Pode até acontecer que os argumentos a partir de essências e da "realidade aborígene", encobrindo a tradição com o manto da

---

([35]) Howard Gardner, *Frames of Mind: The Theory of Multiple Intelligences* (Nova Iorque: Basic Books, 1983).

([36]) James Clifford, *The Predicament of Culture: Twentieth-Century Ethnography, Literature, and Art* (Cambridge, Mass.: Harvard University Press, 1988).

"realidade", sejam meios para criar a estagnação e a alienação culturais. Mas que dizer da acusação de que o construtivismo enfraquece ou mina o empenhamento? Se o conhecimento é relativo à perspectiva, que se passará com o problema do valor, da *escolha* pessoal de perspectiva? Será "meramente" uma questão de preferência? Serão os valores apenas preferências? Se não, como é que escolhemos entre valores? Existem duas concepções psicológicas a propósito desta questão, sedutoras, mas gerando a confusão – uma delas aparentemente racionalista no seu instrumentário, a outra romanticamente irracionalista. A última defende que os valores são uma função de reacções essenciais, conflitos psíquicos deslocados, temperamento, etc.. Na medida em que os irracionalistas têm em conta a cultura, esta é uma fonte de recursos, uma cafetaria de valores da qual se escolhe em função dos impulsos ou dos conflitos pessoais. Os valores não se consideram em termos de como eles relacionam o indivíduo com a cultura, e a sua estabilidade é explicada por tais fixativos como listas de reforço, rigidez neurótica, e assim por diante ([37]).

Os racionalistas têm uma visão de todo diferente, derivada principalmente da teoria económica, melhor exemplificada, talvez, pela teoria da escolha racional ([38]). Segundo esta última, expressamos os nossos valores nas escolhas que fazemos, situação a situação, guiados por modelos racionais como a teoria da utilidade, regras de optimização, minimização do desgosto, ou o que quer que seja. Estas opções (sob condições apropriadas) revelam regularidades notáveis, algumas delas evocando os tipos de funções que se observam nas experiências de condicionamento operante com pombos. Mas, para um psicólogo, a literatura sobre

---

([37]) Ver, por exemplo, Sandor Ferenzi, *Thalassa: A Theory of Genitality*, trad. Henry A. Bunker (Nova Iorque: W. W. Norton, 1968).

([38]) Ver Debra Friedman e Michael Hechter, "The Contribution of Rational Choise Theory to Macrosociological Research", *Sociological Theory* 6 (1988): 201-218, para uma discussão da aplicabilidade da teoria da escolha racional à decisão social em geral.

"opção racional" é sobretudo interessante pelas suas vivas anomalias, pelas suas violações das regras de utilidade. (Utilidade é a resultante multiplicativa do valor de uma escolha particular e da sua probabilidade subjectiva de ser executada com êxito, e tem sido a pedra fundamental da teoria económica formal desde Adam Smith.) Vejam-se as anomalias. Richard Herrnstein, por exemplo, descreve uma anomalia, com o nome engraçado de "mais caro à dúzia", na qual se pode mostrar que as pessoas preferem comprar bilhetes para uma temporada sinfónica, mesmo quando sabem que, provavelmente, só assistirão a metade dos concertos ([39]). A maneira de lidar com a anomalia é caracterizar como "snobismo" ou "compromisso" ou "preguiça" um valor na situação de escolha. O valor designado é o que torna o resultado conforme à teoria da utilidade. E isto, claro, mostra o jogo. Se aceitarmos a teoria da utilidade (ou uma das suas variantes) só atribuímos valores a opções de um modo que leva a conduta escolhida a ajustar-se aos seus princípios. A teoria da escolha racional pouco ou nada tem a dizer acerca de como surgem os valores – quer sejam reacções viscerais ou historicamente determinados ou outra coisa qualquer.

As abordagens irracionalistas ou racionalistas dos valores descuram um ponto crucial: os valores são inerentes ao empenhamento em "modos de vida", e os modos de vida na sua complexa interacção constituem a cultura. Não fazemos brotar os nossos valores da simples ocasião, situação de escolha após situação de escolha, nem eles são o produto de indivíduos isolados com fortes impulsos e neuroses compulsivas. São, pelo contrário, comunitários e consequência das nossas relações com uma comunidade cultural. Realizam, nessa comunidade, funções para nós. Os valores subjacentes a um modo de vida, como sublinha Charles Taylor, só estão ligeiramente abertos à "reflexão radical" ([40]).

([39]) Estou em dívida para com Richard Herrnstein por ter fornecido este exemplo particular de "anomalia racional".

([40]) Taylor, *Sources of the Self.*

São incorporados na identidade pessoal de cada um e, ao mesmo tempo, situam-no numa cultura. Na medida em que uma cultura, na acepção de Sapir, não é "espúria", os empenhamentos axiológicos dos seus membros fornecem a base para a conduta satisfatória de um modo de vida ou, pelo menos, uma base de negociação ([41]).

Mas o pluralismo da vida moderna e as rápidas mudanças que ele impõe criam, pode dizer-se, conflitos no empenhamento, conflitos nos valores e, por conseguinte, conflitos em torno da "justeza" das várias reivindicações do conhecimento dos valores. Não sabemos como prever o "futuro do empenhamento" nestas circunstâncias. Mas é bizarro supor que, nas condições do mundo actual, uma insistência obstinada na noção de "valor absoluto" fará desaparecer as incertezas. Tudo o que podemos esperar é um pluralismo viável apoiado por uma vontade de negociar as diferenças na visão do mundo.

O que me leva directamente a um último ponto geral – uma razão adicional por que penso que uma psicologia cultural, como propus, não precisa de se afligir acerca do espectro do relativismo. Diz respeito à abertura mental – na política, na ciência, na literatura, na filosofia ou nas artes. Diviso na abertura mental a disponibilidade para construir conhecimento e valores a partir de múltiplas perspectivas, sem perda do empenhamento nos valores pessoais. A abertura mental é a pedra de toque do que se chama cultura democrática. Aprendemos, através de muita dor, que a cultura democrática não está divinamente ordenada nem se deve considerar como prometida a uma duração perene. À semelhança de todas as culturas, tem como premissas valores que geram distintos modos de vida e correspondentes concepções da realidade. Embora valorize os estímulos revigorantes da surpresa, nem sempre constitui prova contra os choques que a abertura mental

---

([41]) Edward Sapir, "Culture, Genuine and Spurious", em *Culture, Language and Personality: Selected Essays,* org. David G. Mandelbaum (Berkeley: University of California Press, 1956), 78-119.

por vezes impõe. A sua abertura mental gera os seus próprios inimigos, pois existe decerto um constrangimento biológico nos apetites em prol da novidade. Vejo no construtivismo da psicologia cultural uma expressão profunda da cultura democrática [42]. Ela requer que sejamos conscientes do modo como obtemos o nosso conhecimento, e tão conscientes quanto possível acerca dos valores que nos conduzem às nossas perspectivas. Exige que possamos explicar como e o que sabemos. Mas não teima em afirmar que existe apenas uma única maneira – ou a única correcta – de construir o significado. Baseia-se em valores que, acredito, a dispõem melhor para lidar com as mudanças e as rupturas que se tornaram uma característica da vida moderna.

*

Permitam-me que volte, por fim, à atitude antagónica da "psicologia científica" positivista face à "psicologia comum". A primeira insiste muito correctamente no seu direito de atacar, debater e até substituir os princípios da psicologia comum. Insiste no seu direito de negar a eficácia causal dos estados mentais e da própria cultura. No seu limite extremo, remete conceitos como "liberdade" e "dignidade" para o reino da ilusão, embora sejam nucleares para o sistema de crença de uma cultura democrática. Diz-se então, por vezes, que a psicologia é anticultural, anti-histórica, e que o seu reduccionismo é anti-intelectual. Talvez seja. Mas também é verdade que o zelo "ateu da aldeia" de muitos positivistas extremos animou debates sobre a natureza do homem, e que a sua insistência nos procedimentos "objectivos" ou "operacionais" da investigação tiveram um efeito sadiamente austero nas nossas especulações. Permanece, todavia, uma irritante preocupação.

---

[42] B. F. Skinner, *Beyond Freedom and Dignity* (Nova Iorque: Alfred A. Knopf, 1972).

Relembro a primeira das «Conferências William James» em Harvard, por Wolfgang Kohler, *The Place of Values in a World of Facts* [43]. Kohler relata uma conversa imaginária com um amigo, que se queixa da qualidade do "Nada excepto" da psicologia: que a natureza humana é ali retratada como nada excepto o encadeamento dos reflexos condicionados, dos laços associativos, dos impulsos animais transformados. E este amigo imaginário preocupa-se com o que acontece quando o carteiro e o Primeiro Ministro também pensam desta maneira. Também me preocupo com o que acontece quando o modelo começa a pensar que se parece com o seu retrato. Lembrem-se da resposta de Picasso aos amigos de Gertrude Stein, quando estes lhe disseram que ela pensava que o seu retrato não se parecia lá muito com ela. "Digam-lhe para esperar", disse ele. "Há-de parecer-se". Mas a outra possibilidade, claro, é a de que o modelo se alienará deste tipo de pintor [44]. Diz Adrienne Rich: "Quando alguém com autoridade de professor descreve o mundo e nele não nos inserimos, há um momento de desequilíbrio psíquico, como se olhássemos para um espelho e nada víssemos [45]"

Os intelectuais numa sociedade democrática constituem uma comunidade de críticos culturais. Mas os psicólogos raramente se viram assim, em grande parte porque ficaram aprisionados na auto-imagem gerada pela ciência positivista. Nesta perspectiva, a psicologia lida apenas com verdades objectivas e evita a crítica cultural. Mas até a psicologia científica se arranjará melhor quando reconhecer que as suas verdades, como todas as verdades acerca da condição humana, se referem ao ponto de vista que

---

[43] Wolfgang Kohler, *The Place of Value in a World of Facts* (Nova Iorque: Liveright, 1938).

[44] J. Kirk T. Varnedoe, "Introduction", em Varnedoe, *Modern Portraits: The Self and Others* (Nova Iorque: Columbia University, Department of Art History and Archaeology, 1976).

[45] Adrienne Rich, "Invisibility in Academe", citada em Renato Rosaldo, *Culture and Truth: The Remaking of Social Analysis* (Boston: Beacon Press, 1989), ix.

toma sobre tal condição. E conseguirá uma posição mais eficaz em relação à cultura no seu todo, quando chegar a reconhecer que a psicologia comum da gente vulgar não é só um conjunto de ilusões auto-suavizantes, mas as crenças da cultura e as hipóteses operantes acerca do que toma possível e realizável a convivência das pessoas, mesmo com grande sacrifício pessoal. É aí que começa a psicologia; e aí é inseparável da antropologia e de outras ciências culturais. A psicologia comum carece de explicação, e não de fornecer explicações.

2.

A Psicologia Comum como Instrumento de Cultura

No primeiro capítulo, narrei como a revolução cognitiva se desviou do seu impulso original através da metáfora computacional, e argumentei a favor de uma renovação e estimulação da revolução original, uma revolução inspirada pela convicção de que o conceito central de uma psicologia humana é o *significado* e os processos e transacções implicados na sua construção.

Esta convicção funda-se em dois argumentos ligados entre si. O primeiro é que para compreender o homem se deve entender como é que as suas experiências e os seus actos são modelados pelos seus estados intencionais; o segundo é que a forma destes estados intencionais só se realiza mediante a participação nos sistemas simbólicos da cultura. De facto, a configuração real das nossas vidas – o esboço grosseiro e perpetuamente mutável da nossa autobiografia que trazemos nas nossas mentes – só é compreensível para nós e para os outros graças aos sistemas culturais de interpretação. Mas a cultura é também constitutiva da mente. Em virtude desta actualização na cultura, o significado alcança uma forma que é mais pública e comunitária do que privada e autista. Só através da substituição deste modelo transaccional da mente por um outro, individualista isolado, é que os filósofos anglo-americanos conseguiram fazer as Outras Mentes aparentemente tão opacas e impenetráveis. Quando ingressamos na vida humana é como se entrássemos em cena numa peça cuja actuação já está a desenrolar-se – uma peça cuja trama aberta determina as partes que podemos representar e os desfechos para que nos podemos orientar. Os outros que se encontram em cena já têm uma ideia de que é que trata a peça, noção suficiente para negociarem com um possível recém-chegado.

A visão que estou a propor inverte a relação tradicional entre biologia e cultura no que respeita à natureza humana. Declaro que não é o carácter da herança biológica do homem que dirige ou configura a acção e a experiência humanas; que também não serve de causa universal. Impõe antes constrições à acção, constrições cujos efeitos são modificáveis. As culturas, de um modo característico, projectam "dispositivos protéticos" que nos permitem transcender limites biológicos "em bruto" – por exemplo, os limites da capacidade de memória ou os limites do nosso alcance auditivo. Na concepção inversa que proponho, a cultura, e não a biologia, é que dá forma à vida e à mente humanas, confere significado à acção ao situar num sistema interpretativo os seus estados intencionais subjacentes. Faz tal por meio da imposição de padrões inerentes aos sistemas culturais simbólicos – a sua linguagem e modos de discurso, as formas de explicação lógica e narrativa, e os padrões reciprocamente dependentes da vida comunitária. De facto, os neurocientistas e os antropólogos físicos estão a voltar-se cada vez mais para a visão de que os requisitos e as oportunidades culturais desempenharam um papel crítico na selecção das características neurais, na evolução do homem – uma concepção recentemente abraçada por Gerald Edelman por razões neuro-anatómicas, por Vernon Reynolds com base nos dados da antropologia física, e por Roger Lewin e Nicholas Humphrey com referência aos dados evolutivos dos primatas ([1]).

Tal é o esqueleto sintético do argumento em prol do que chamei psicologia "cultural" – um esforço para recapturar não só o impulso original da Revolução Cognitiva, mas também o programa que Dilthey, há um século, apelidou de *Geisteswissenschaften,* as ciências da vida mental ([2]). Neste capítulo, ocupar-nos-emos principalmente de uma característica crucial da psicologia cultural. Dei-lhe o nome de "psicologia comum"; talvez haja quem prefira o de "ciência social comum" ou ainda, somente, "senso comum". Todas as culturas têm uma psicologia comum como um dos seus instrumentos constitutivos mais poderosos, um conjunto de descrições mais ou menos ligadas, mais ou menos normativas, sobre como é que os seres humanos "funcionam", como são as nossas e as outras mentes; sobre o que se pode esperar a propósito da natureza de uma acção situada, sobre modos de vida possíveis e a maneira de neles nos empenharmos, e assim por diante. Aprendemos cedo a psicologia comum da nossa cultura, aprendêmo-la como aprendemos a usar a língua que adquirimos e a orientar as transacções interpessoais requeridas na vida comunitária.

Permitam-me que vos forneça o esqueleto do argumento que vou desenvolver. Quero, primeiro, explicar o que pretendo indicar por "psicologia comum" enquanto sistema pelo qual as

---

([1]) Gerald M. Edelman, Neural Darwism: *The Theory of Neuronal Group Selection* (Nova Iorque: Basic Books, 1987). Gerald M. Edelman, *The Remembered Present: A Biological Theory of Consciousness* (Nova Iorque: Basic Books, 1990). Vernon Reynolds, *The Biology of Human Action,* 2.ª ed. (São Francisco: W. H. Freeman, 1980). Roger Lewin, *Human Evolution: An Illustrated Introduction,* 2.ª ed. (Boston: Blackwell Scientific Publications, 1989). Nicholas Humphrey, *The Inner Eye* (Boston: Faber and Faber, 1986).

([2]) Hans Peter Rickman, *Wilhelm Dilthey: Pioneer of the Human Studies* (Berkeley: University of California Press, 1979). Wilhelm Dilthey, *Descriptive Psychology and Historical Understanding* (1911), (Haia: Nijhoff, 1977).

pessoas organizam a sua experiência no mundo social, o seu conhecimento acerca dele e as transacções com o mesmo. Tenho de dizer algo acerca da história da ideia de tornar mais claro o seu papel na psicologia cultural. Retornarei, depois, a algumas das componentes cruciais da psicologia comum, e que me levarão, por fim, a considerar que tipo de sistema cognitivo é a psicologia comum. Uma vez que o seu princípio organizador é mais narrativo do que conceptual, abordarei a natureza do narrativo e o modo como ele se edifica à volta das expectativas estabelecidas ou canónicas e a gestão mental dos desvios de tais expectativas. Assim armados, observaremos com maior atenção como é que a narrativa organiza a experiência, usando a memória humana como exemplo. E, finalmente, quero explicar o processo de "formação do significado" à luz do que acima se referiu.

*

Forjada ironicamente pelos novos cientistas cognitivos em virtude da sua hospitalidade relativamente aos estados intencionais como crenças, desejos e pensamentos, a expressão "psicologia comum" *(folk psychology)* não podia ser mais apropriada para os usos que eu lhe quero atribuir ([3]). Permitam-me que esquematize brevemente a sua história intelectual, pois ajudará a situar as coisas num contexto mais amplo.

O seu uso corrente iniciou-se com um sofisticado reflorescimento do interesse pela "mente selvagem" e, em particular, com a estrutura dos sistemas de classificação indígenas. C. O. Frake publicou um famoso estudo do sistema de classificação das doenças de pele entre os *Subanun* de Mindanau, a que se seguiram estudos pormenorizados de outros autores sobre etnobotânica,

---

([3]) Stephen P. Stich, *From Folk Psychology to Cognitive Science: The Case against Belief* (Cambridge, Mass.: MIT Press, 1983).

etnonavegação, etc. O estudo de etnonavegação especificava o modo como os habitantes das Ilhas Marshall navegavam com as suas canoas de e para o Atol de Puluvate, cruzando enormes extensões de água em espaço aberto, guiando-se pelas estrelas, por sinais à superfície da água, pelas plantas flutuantes, por bocadinhos de paus e estranhas formas de adivinhação. Olhava a navegação segundo a visão e o entendimento de um navegador Puluwat ([4]).

Mas ainda antes de o prefixo *etno-* ser colado a estes esforços, os antropólogos já se interessavam pela organização básica da experiência entre povos sem escrita – porque é que alguns deles, como os *Talenses* estudados por Meyer Fortes nos anos 30, não tinham definições de crises ligadas ao tempo. As coisas aconteciam quando eles estavam "prontos". E há ainda estudos mais antigos: por exemplo, Margaret Mead interrogava-se porque é que estádios da vida como a adolescência tinham uma definição tão diferente entre os Samoanos ([5]).

Visto que os antropólogos nunca foram, em geral, muito afectados (com algumas excepções notórias) pelo ideal de uma ciência objectiva e positivista, depressa foram levados a questionar-se se a forma da consciência e a experiência dos povos em culturas diferentes difeririam em grau e de uma maneira que suscitasse um importante problema de tradução. Poderá verter-se a experiência

---

([4]) Claude Lévi-Strauss, *The Savage Mind* (Chicago: University of Chicago Press, 1966). C. O. Frake, "The Diagnosis of Disease among the Subanun of Mindanao", *American Anthropology* 63; reimp. em D. Hymes, ed., *Language in Culture and Society* (Nova Iorque: Harper and Row, 1964), 193-206. Thomas Gladwin, *East Is a Big Bird: Navigation and Logic on Puluwat Atoll* (Cambridge, Mass.: Harvard University Press, 1970). Edwin Hutchins, "Understanding Micronesian Navigation", em Dedre Gentner and Alvert L. Stevens, orgs., *Mental Models* (Hillsdale, N.J.: Lawrence Erlbaum Associates, 1983), 191-226.

([5]) Meyer Fortes, "Social and Psychological Aspects of Education in Taleland", *Africa* 11, no. (1938), suplemento. Margaret Mead, *Coming of Age in Samoa* (Nova Iorque: Morrow, 1928).

do navegador *puluvatês* para a linguagem e o pensamento do antropólogo ocidental – ou a do antropólogo ocidental para a dos *Nuer* das margens do Nilo, cuja religião Edward Evans-Pritchard estudou? (Quando Edward Evans-Pritchard acabou de entrevistar os seus informadores acerca das suas crenças religiosas, perguntou-lhes com cortesia se gostariam de o interrogar sobre a sua religião. Um deles interrogou-o timidamente sobre a divindade que usava no pulso, consultada sempre que ele parecia tomar uma grande decisão. Evans-Pritchard, católico devoto, ficou tão surpreendido com a dificuldade que sentiu em explicar aos seus interlocutores que o seu relógio de pulso não era uma divindade como pela questão em si) ([6]).

Um pouco mais tarde, um grupo de jovens sociólogos liderado por Harold Garfinkel, atento ao tipo de problemas que semelhantes temas levantavam na epistemologia, deu o passo radical de propor que, em vez do método sociológico clássico – estabelecer classes e papéis sociais, etc., *ex hypothesi* – as ciências sociais trabalhassem com as regras da "etnometodologia", criando uma ciência social por referência às distinções sociais, políticas e humanas que as pessoas estudadas faziam na sua vida quotidiana. Garfinkel e os seus colegas propunham efectivamente uma etnossociologia. E, quase ao mesmo tempo, o psicólogo Fritz Heider começou a afirmar, de um modo persuasivo, que em virtude de os seres humanos reagirem uns aos outros em termos da sua *própria* psicologia (mais do que, digamos, da psicologia do *psicólogo*), talvez fosse melhor estudar a natureza e as origens da psicologia "ingénua" que conferia significado às suas experiências. De facto, nem as propostas de Garfinkel nem as de Heider eram lá muito novas. Garfinkel apoiava-se no distinto economista e sociólogo Alfred Schutz, cujas escritos sistemá-

---

([6]) E. E. Evans-Pritchard, *Nuer Religion* (Nova Iorque: Oxford University Press, 1974).

ticos, inspirados na fenomonologia europeia, tinham previsto os programas de Garfinkel e de Heider como uma reforma antipositivista das ciências humanas ([7]).

Há um poderoso argumento *institucional* na pretensão de Schutz – se é que posso rotular assim a posição que estamos a considerar. As instituições culturais constroem-se de maneira a reflectir as crenças do senso comum acerca do comportamento humano. Por mais que o ateísmo aldeão de B. F. Skinner tente atenuar a autonomia e a dignidade humanas, permanece a realidade da lei dos danos, o princípio dos contractos livremente acordados, a inexorável solidez das cadeias, os tribunais, os marcos indicadores das propriedades, etc. Stich (talvez o crítico mais radical da psicologia comum) censura Skinner por tentar "explicar" termos de senso comum tais como desejo, intenção e crença, que deviam, insiste ele, simplesmente ignorar-se e não desviarnos da principal tarefa de estabelecer uma psicologia sem estados intencionais ([8]). Mas ignorar os significados institucionalizados atribuídos aos actos humanos é quase tão eficaz como ignorar o polícia que se aproxima calmamente da janela do nosso carro e nos informa que estávamos a conduzir irresponsavelmente a 145 Km à hora e pede para ver a nossa carta de condução. "Irresponsabilidade", "carta de condução", "polícia" – derivam todas

---

([7]) Harold Garfinkel, *Studies in Ethnomethodology* (Englewood Cliffs, N.J.: Prentice-Hall, 1967). Garfinkel, ed., *Ethnomethodological Studies of Work* (Londres e Nova Iorque: Routledge and Kenan Paul, 1986). Fritz Heider, *The Psychology of Interpersonal Relations* (Nova Iorque: John Wiley and Sons, 1958). Alfred Schutz, *The Problem of Social Reality,* ed. M. Natanson (Haia: Nijhoff, 1962). Schutz, *On Phenomenology and Social Relations: Selected Writings of Alfred Schutz,* ed. Helmut R. Wagner (Chicago: University of Chicago Press, 1970). Uma visão mais contemporânea, de orientação antropólogica, destes temas é proposta por Richard A. Shweder, em "Cultural Psychology: What Is It?" em J. W. Stigler, R. A. Shweder, and G. Herdt, eds., *Cultural Psychology: The Chicago Symposium on Culture and Human Development* (Nova Iorque: Cambridge University Press, 1989).

([8]) B. F. Skinner, *Beyond Freedom and Dignity* (Nova Iorque: Alfred A. Knopf, 1972). Stich, *From Folk Psychology to Cognitive Science.*

da matriz institucional que a sociedade constrói para reforçar uma determinada versão do que constitui a realidade. São significados culturais que guiam e controlam os nossos actos individuais.

Em virtude de estar a propor que a psicologia comum deve estar na base de qualquer psicologia cultural, permitam-me que como "observador participante" apresente algumas componentes nucleares da nossa própria psicologia comum, para ilustrar o que tenho em mente. São, tomem nota, apenas *componentes: ou* seja, são as crenças ou suposições elementares que entram nas narrativas sobre situações humanas em que consiste a psicologia comum. Uma premissa óbvia da nossa psicologia comum, por exemplo, é que as pessoas têm crenças e desejos: *acreditamos* que o mundo está organizado de determinadas maneiras, que *queremos* certas coisas, que algumas coisas *interessam* mais que outras, e assim por diante. Acreditamos (ou "sabemos") que as pessoas têm crenças não apenas sobre o presente, mas também sobre o passado e o futuro, crenças que nos relacionam com o tempo concebido de uma maneira particular – a nossa maneira, não a dos Talenses de Fortes ou a dos Samoanos, de Mead. Além disso, acreditamos que as nossas crenças devem de algum modo harmonizar-se, que as pessoas não devem acreditar em (ou querer) coisas aparentemente incompatíveis, embora o princípio da coerência seja ligeiramente obscuro. Na verdade, acreditamos também que as crenças e os desejos das pessoas se tornam suficientemente coerentes e bem organizados para merecerem chamar-se "compromissos" ou "modos de vida", e tais coerências olham-se como "disposições" que caracterizam as pessoas: esposa leal, pai devotado, amigo fiel. A própria personalidade *(personhood)* é um conceito constituinte da nossa psicologia comum e, como observa Charles Taylor, é atribuída selectivamente e, por vezes, negada aos que formam um grupo estranho ([9]). Lembre-se que só quando as crenças constitutivas numa psicologia comum são violadas é que as narrativas

---

([9]) Charles Taylor, *Sources of the Self* (Cambridge, Mass.: Harvard University Press, 1989).

se constroem – um ponto sobre o qual tenho muito mais a dizer presentemente. Menciono isto aqui a fim de alertar o leitor para o estatuto canónico da psicologia comum: que resume não apenas como as coisas são, mas (por vezes implicitamente) como devem ser. Quando as coisas "são como devem ser", as narrativas da psicologia comum são desnecessárias. A psicologia comum também põe um mundo exterior a nós próprios que modifica a expressão dos nossos desejos e crenças. Tal mundo é o contexto onde se situam os nossos actos, e os estados do mundo podem fornecer razões para os nossos desejos e crenças – como Hillary escalou o Everest por ele estar lá, para dar um exemplo extremo de procura de razões. Mas também sabemos que os desejos nos podem levar a encontrar significados em contextos onde outros não conseguiriam. É idiossincrático, mas explicável, que algumas pessoas gostem de atravessar o Sara a pé ou o Atlântico num pequeno barco. Esta relação recíproca entre estados percebidos do mundo e desejos pessoais, cada um afectando o outro, cria um subtil dramatismo a propósito da acção humana, que também informa a estrutura narrativa da psicologia comum. Quando se vê alguém acreditar, desejar ou agir de uma forma que não tem em conta o estado do mundo, fazer um acto verdadeiramente gratuito, é olhado, do ponto de vista da psicologia comum, como tolo, a não ser que enquanto agente consiga ser narrativamente reconstruído como enredado numa situação difícil mitigadora ou em circunstâncias esmagadoras. Realizar semelhante reconstrução pode revestir a forma inquiridora de processo judicial na vida real ou de uma novela na ficção (como *A Aventura de Lafcadio* de André Gide ([10]). Mas a psicologia comum tem espaço para tais reconstruções: "a verdade é mais estranha do que a ficção". Na psicologia comum presume-se, pois, que as pessoas têm um conhecimento do mundo sob a forma de crenças e usam esse conhecimento ao levarem a cabo qualquer programa de desejo ou acção.

([10]) André Gide, *Lafcadio's Adventure* (Nova Iorque: Random House, 1925).

A divisão entre um mundo "interior" de vivência e um "exterior", autónomo, de experiência cria três domínios, cada qual requerendo uma forma diferente de interpretação ([11]). O primeiro é um domínio sob o controlo dos nossos próprios estados intencionais: um domínio onde o Si mesmo como agente actua com conhecimento do mundo e com desejos que se expressam de um modo congruente com o contexto e a crença. A terceira classe de acontecimentos é produzida "a partir de fora" de uma forma que está para além do nosso controlo. É o domínio da "natureza". No primeiro âmbito, somos de alguma forma "responsáveis" pelo curso dos acontecimentos; no terceiro, não.

Existe uma segunda, e problemática, classe de acontecimentos, incluindo uma indeterminada mistura da primeira e da terceira; exige uma forma mais elaborada de interpretação de maneira a repartir quotas causais apropriadas à actuação individual e à "natureza". Se a psicologia comum incorpora os princípios interpretativos do primeiro domínio e a física popular-com-a-biologia o terceiro, então o segundo considera-se ordinariamente como governado ou por uma espécie de magia ou, na contemporânea cultura ocidental, pelo cientismo do fisicalista, pela psicologia reduccionista ou pela Inteligência Artificial. Entre os navegadores de Puluvate, a introdução de uma bússola como uma dádiva do antropólogo (que eles acharam interessante, mas que rejeitaram como supérflua) fê-los viver de uma forma breve no segundo domínio ([12]).

Todas as psicologias comuns contêm, no seu cerne, uma noção surpreendentemente complexa de um Si mesmo agente. Um exemplo revelador, mas não atípico, encontra-se entre os Ilongotes, um povo sem escrita estudado por Michelle e Renato Rosaldo. O que suscita complexidade é a configuração das

---

([11]) Daniel C. Dennett e John C. Haugeland, "Intencionality", em Richard L. Gregory, ed., *The Oxford Companion to the Mind* (Oxford e Nova Iorque: Oxford University Press, 1987), 383-386.

([12]) Gladwin, *East Is a Big Bird*.

exigências pessoais pela cultura – a personalidade activa dos homens ilongoteses, por exemplo, só se pode realizar quando a cabeça de um "inimigo" é cortada num estado apropriado de fúria, ou em termos abstractos, a plena personalidade implica a mistura correcta de paixão e conhecimento. Num dos últimos ensaios que ela escreveu, antes da sua morte prematura trabalhando no campo, entitulado "Toward an Anthropology of Self and Feeling", Michelle Rosaldo afirma que noções como "Si mesmo" ou "afecto" não dimanam de uma essência "interior" relativamente independente do mundo social, mas da experiência num mundo de significados, de imagens e de laços sociais, em que todas as pessoas estão inevitavelmente envolvidas ([13]).

Num artigo particularmente penetrante sobre o Si mesmo americano, Hazel Markus e Paula Nurius propõem que pensemos não *num* Si mesmo, mas em Possíveis Si mesmos juntamente com um Si mesmo Actual. "Possíveis Si mesmos representam as ideias dos indivíduos acerca do que eles *podem* vir a ser, do que *gostariam* de vir a ser e do que *receiam* vir a ser." Embora não intentassem especificamente tal, a sua análise ilustra até que ponto a identidade americana reflecte o valor atribuído, na cultura americana, ao "manter as opções pessoais em aberto". Contemporaneamente, iniciou-se assim uma pequena corrente de ensaios clínicos sobre o aumento alarmante dos Distúrbios da Personalidade Múltipla como uma patologia predominantemente americana, algo que lhe é congénere. Uma recente revisão do fenómeno feita por Nicholas Humphrey e Daniel Dennett sugere mesmo que a patologia é engendrada por terapeutas que aceitam

---

[13] Michelle Rosaldo, "Toward an Anthropology of Self and Feeling", em Richard A. Shweder e Robert A. LeVine, eds., *Culture Theory: Essays on Mind, Self and Emotion* (Cambridge: Cambridge University Press, 1984), 137-157, p. 139. Para informações sobre este ensaio, ver também Michelle Rosaldo, *Knowledge and Passion: Ilongot Notions of Self and Social Life* (Cambridge e Nova Iorque: Cambridge University Press, 1980); Renato Rosaldo, *Ilongot Headhunting, 1883-1974: A Study in Society and History* (Stanford, Calif.: Stanford University Press, 1980).

a concepção de que o eu é divisível e que, no decorrer da terapia, oferecem inadvertidamente este modelo de personalidade aos seus pacientes como meio de conter e aliviar os seus conflitos. O próprio Sigmund Freud disse em "A relação do poeta com o devaneio" que cada um de nós é um elenco de personagens, mas ele encerrou-as numa única peça ou novela onde, como conjunto, podem representar o drama da neurose num único palco ([14]).

Apresentei estes dois exemplos, um tanto extensos, da maneira como se concebe o Si mesmo nas psicologias comuns em duas culturas díspares, para de novo realçar um ponto crítico sobre o princípio organizador da psicologia comum como mais narrativa na sua índole do que lógica ou categórica. A psicologia comum trata de agentes humanos que fazem coisas baseando-se nas suas crenças e desejos, que lutam por objectivos, que deparam com obstáculos que melhoram ou que os melhoram a eles próprios, e tudo isto ao longo do tempo. Trata dos jovens ilongoteses encontrando neles próprios fúria suficiente para cortarem uma cabeça, e do modo como terão de proceder nesse esforço intimidativo; trata das raparigas americanas com exigências conflituosas e culpabilizantes do seu sentido de identidade, e que resolvem, por fim, o seu dilema (possivelmente com a ajuda involuntária dos seus médicos) convertendo-se num ego e num outro; e do modo como a luta restabelecerá a comunicação entre os dois.

*

Devemos concentrar-nos agora mais directamente na narrativa – o que é, em que é que difere de outras formas de discurso e de outros modos de experiência organizadora, que funções pode

---

([14]) Hazel Markus e Paula Nurius, "Possible Selves", *American Psychologist* 41 (1986): 954-969, p. 954. Nicholas Humphrey e Daniel Dennett, "Speaking for Ourselves: An Assessment of Multiple Personality Disorder", *Raritan: A Quarterly Review* (Primavera 1989): 68-98. Sigmund Freud, "The Relation of the Poet to Day-Dreaming", em *Collected Papers,* vol. IV, ed. Ernest Jones (Londres: Hogarth Press, 1950), 173-183.

servir, porque é que tem uma tal força sobre a imaginação humana. Perceberemos melhor estes assuntos se compreendermos a natureza e o poder da psicologia comum. Permitam-me, então, de modo preliminar, apresentar algumas propriedades da narrativa.

Talvez a sua principal propriedade seja a sequencialidade que lhe é inerente: uma narrativa é composta por uma única sequência de eventos, estados mentais, acontecimentos envolvendo os seres humanos como personagens ou actores. Tais são as suas componentes. Mas estas não têm uma vida ou significado próprios. O seu significado é dado pelo seu lugar na configuração geral da sequência como um todo – o seu enredo ou *fabula*. O acto de compreender uma narrativa é, pois, duplo: o intérprete deve compreender o enredo configurador da narrativa de maneira a conferir sentido às suas constituintes, que tem de relacionar com a trama. Mas a configuração do enredo deve igualmente extraír-se da sucessão dos eventos. Paul Ricoeur, parafraseando o historiador e filósofo britânico W. B. Gallie, expõe o assunto sucintamente:

uma história descreve uma sequência de acções e experiências de um certo número de personagens, quer reais ou imaginárias. Estas personagens são representadas em situações que mudam ... [e às] quais elas reagem. Tais mudanças, por sua vez, revelam aspectos escondidos das situações e das personagens, dando origem a uma nova situação que exige pensamento ou acção ou ambos. A resposta a esta situação leva a história à sua conclusão ([15]).

Terei, à frente, muito mais a dizer sobre estas mudanças, situações, etc., mas, por agora, é suficiente.

Uma segunda característica da narrativa é que ela pode ser "real" ou "imaginária", sem perda do seu poder como história. Quer isto dizer que *o sentido* e a *referência* da história têm entre

---

([15]) Paul Ricoeur, "The Narrative Function", in Ricoeur, *Hermeneutics and the Human Sciences,* (Cambridge: Cambridge University Press, 1981), 227.

si uma relação anómala. A indiferença da história em relação à realidade extralinguística sublinha o facto de que tem uma estrutura que é interna ao discurso. Por outras palavras, a sequência das suas frases, mais do que a verdade ou a falsidade de qualquer uma delas, é o que determina a sua configuração geral ou enredo. Esta sequencialidade única é que é indispensável ao significado da história e ao modo de organização mental em cujos termos ela é compreendida. Os esforços para destronar a "regra de sequência" como a marca de contraste da narrativa têm conduzido a explicações da narrativa que sacrificam a sua unicidade a algum outro objectivo. O famoso ensaio de Cari Hempel "The Function of General Laws in History" é típico. Ao tentar "descronologizar" descrições históricas diacrónicas em proposições sincrónicas da "ciência social", Hempel só conseguiu perder a particularidade, confundir a interpretação e a explicação, e relegar falsamente a voz retórica do narrador para o domínio da "objectividade" ([16]).

([16]) Carl Hempel, "The Function of General Laws in History", em Hempel, *Aspects of Scientific Explanation and Other Essays in the Philosophy of Science* (Nova Iorque: Free Press, 1942). Ricoeur mais uma vez fornece um resumo sucinto. Hempel afirma, sublinha Ricoeur, que "quaisquer acontecimentos singulares se podem deduzir de duas premissas. A primeira descreve as condições iniciais: acontecimentos anteriores, condições predominantes, etc. A segunda assere uma regularidade, uma hipótese universal que, quando verificada, merece o nome de lei. Se as duas premissas conseguirem ser devidamente estabelecidas, então o evento considerado poderá logicamente deduzir-se e, diz-se então explicado". Ricoeur, "The Narrative Function", p. 275. Hempel admite, claro, que a história tem dificuldade em estabelecer tais premissas, que deve trabalhar sobretudo com esboços explanatórios. Mas isso não é realmente o que interessa. O que interessa é se as sequências e os enredos são relevantes para a tarefa do historiador. Levantam também objecções W. B. Gallie e historiadores activos, como Lawrence Stone, o qual vê na forma narrativa uma das ferramentas centrais da história, pois esta é mais descritiva e interpretativa do que analítica e "explicativa". W. B. Gallie, *Philosophy and Historical Understanding* (Nova Iorque: Schocken Books, 1964); Lawrence Stone, "The Revival of Narrative: Reflections on a New Old History", *Past and Present* 85 (1979): 3-24. Além disso, Stone reitera que a história se deve implicar numa "retórica", graças à qual "princípios fecundos" se revelam demonstrativos nos particulares – como quando Tucídides procura mostrar a sequência de acontecimentos pelos quais a Guerra do Peloponeso teve efeitos desastrosos para a sociedade grega e na *polis*.

O facto de o relato "empírico" do historiador e o conto imaginativo do novelista *partilharem* a forma narrativa é, quando se reflecte, um tanto inesperado. Tem desafiado estudiosos ponderados tanto da literatura imaginativa como da história desde Aristóteles. Porque é que se utiliza a mesma forma para os factos e para a ficção? Será que os primeiros imitam a segunda ou vice-versa? Como *é* que a narrativa adquire a sua forma? Uma resposta, claro, é a "tradição". E é difícil negar que as formas da narrativa são, por assim dizer, resíduos sedimentários dos tradicionais modos de contar, tal como demonstra a tese de Albert Lord, segundo a qual a narrativa tem raízes na nossa antiga herança de contar histórias. Com veia similar, Northrop Frye declarou que a literatura se esculpe a si própria a partir das suas próprias tradições, de modo que até as suas inovações brotam de raízes tradicionais. Paul Ricoeur também vê a tradição como fornecedora do que ele denomina a "lógica impossível das estruturas narrativas" graças às quais as inúmeras sequências se conservam juntas para fazer as narrativas ([17]).

Mas embora a convenção e a tradição desempenhem decerto um papel importante na estruturação da narrativa, confesso que sinto um certo mal-estar com todos estes tradicionalismos consumados. Será insensato supor que haverá alguma "propensão" humana para a narrativa, que é responsável por conservar e elaborar uma tal tradição em primeiro lugar – quer, nos termos kantianos, como "uma arte oculta na alma humana", quer como característica da nossa capacidade linguística, quer até como uma capacidade psicológica, à maneira, digamos, da nossa propensão para converter o mundo do estímulo visual em figura e fundo? Não pretendo com isto dizer que "armazenamos" histórias ou mitos arquetípicos específicos, como propôs C. G. Jung ([18]) – o que se me afigura

---

([17]) Albert Lord, *The Singer of Tales,* Harvard Studies in Comparative Literature, 24 (Cambridge, Mass.: Harvard University Press, 1960). Northrop Frye, *Anatomy of Criticism: Four Essays* (Princeton: Princeton University Press, 1957). Ricoeur, "The Narrative Function", p. 287.

([18]) C. G. Jung, *Collected Works,* vol. 9, pt. I: *Archetypes and the Collective Unconscious* (Nova Iorque: Bollingen, 1959).

uma concreção deslocada. E mais, refiro-me à propensão ou predisposição para organizar a experiência numa forma narrativa, em estruturas de enredo e quejandos. No próximo capítulo, mencionarei alguns dados em prol de tal hipótese. Quanto a mim, semelhante visão é irresistível. E outros eruditos que se dedicaram ao tema da narrativa têm sido tentados nesta direcção.

A maioria dos esforços para encontrar tal "propensão" derivaram da noção aristotélica de *mimese*. Aristóteles utilizou a ideia na *Poética* para descrever o modo como o drama imitava a "vida", parecendo assim indicar que a narrativa consistia, de alguma forma, em relatar as coisas como elas aconteceram, enquanto a ordem da narrativa se determina pela ordem dos eventos numa vida. Mas uma leitura cuidadosa da *Poética* sugere que ele tinha algo mais em mente. *A mimese* era a apreensão da "vida em acção", uma elaboração e um melhoramento do que se passou. Até mesmo Paul Ricoeur, talvez o mais profundo e infatigável dos actuais estudiosos da narrativa, tem dificuldades com a ideia. Ricoeur gosta de citar o parentesco entre "estar *na* história" e "falar *sobre* ela", advertindo que ambos têm uma certa "pertença mútua". "A forma de vida a que pertence o discurso narrativo é a nossa própria condição histórica". No entanto, também ele tem dificuldade em escorar a sua figura de discurso. A *"mimese"*, diz-nos ele, "é um género de metáfora da realidade". "Refere-se à realidade, não para a copiar, mas para lhe dar uma nova leitura". É em virtude desta relação metafórica, argumenta em seguida, que a narrativa pode avançar, inclusive com "a suspensão do requisito referencial da linguagem habitual" – isto é, sem obrigação de "se igualar" a um mundo de realidade extralinguística [19].

Se a função mimética é interpretativa da "vida em acção", então é uma forma altamente complexa do que C. S. Peirce chamou há muito um "interpretante", um esquema simbólico para mediação entre o signo e o "mundo" – um interpretante que exis-

---

[19] Aristóteles, *Poetics,* (Nova Iorque: Norton, 1982). Ricoeur, "The Narrative Function", pp. 288, 292.

te em determinado nível superior ao mundo ou à frase, no reino do próprio discurso ([20]). Temos ainda de considerar a origem da capacidade para criar tais interpretantes simbólicos complexos, se não for apenas a arte a copiar a vida. Eis o que nos irá ocupar no próximo capítulo. Mas, primeiro, temos de lidar com outros assuntos.

*

Outra característica crucial da narrativa, como já antes se observou de passagem, é que ela se especializa em forjar laços entre o excepcional e o vulgar. Ocupemo-nos disto agora. Começarei com um aparente dilema. A psicologia comum está investida de canonicidade. Centra-se no esperado e no que é usual na condição humana. Reveste-os de legitimidade ou autoridade ([21]). Possui, todavia, poderosos meios teleologicamente estruturados para

---

([20]) "Um signo, ou *representamen*, é algo que está para alguém em vez de algo sob algum respeito ou capacidade. Dirige-se a alguém, ou seja, cria na mente dessa pessoa um signo equivalente, ou talvez um signo mais desenvolvido. Ao sinal que ele cria chamo o *interpretante* do primeiro signo: O signo está em vez de algo, o seu *objecto*. Está em vez do objecto, não em todos os aspectos, mas em referência a uma espécie de ideia, que por vezes denominei o *fundamento* do *representamen*. A "ideia" deve aqui entender-se numa espécie de sentido platónico muito familiar nas conversas quotidianas: a saber, no sentido em que dizemos que alguém apreende a ideia de outrem". C. S. Peirce, *Collected Papers of Charles Sanders Peirce*, vol. 2 (Cambridge, Mass.: Harvard University Press, 1960), 228.

([21]) Porque é que o esperado ou o usual devem assim ser dotados de "valor" ou legitimidade é uma questão interessante. Talvez a resposta mais interessante tivesse sido oferecida por G. W. Allport, *Personality: A Psychological Interpretation* (Nova Iorque: Henry Holt and Company, 1937), na sua teoria da "autonomia funcional". Sugeriu que os hábitos, uma vez estabelecidos, assumem o papel de motivos: o marinheiro sazonal desenvolve um desejo de ir para o mar, e assim por diante. William James foca o mesmo ponto no seu famoso capítulo "Habit" em *The Principies of Psychology* (Cambridge, Mass.: Harvard University Press, 1983). Emile Durkheim está provavelmente a dizer a mesma coisa, ao asserir que as crenças partilhadas de uma comunidade alcançam não só "exterioridade", mas também constrição no sentido de controlarem o desejo. Durkheim, *The Elementary Forms of the Religious Life*, (Nova Iorque: Collier Books, 1961).

fazer do excepcional e do raro uma forma compreensível. Como salientei no primeiro capítulo, a viabilidade de uma cultura reside na sua capacidade de resolver conflictos, de explicar diferenças e de renegociar significados comunitários. Os "significados negociados", discutidos pelos antropólogos sociais ou pelos críticos da cultura, como essenciais à conduta de uma cultura tornam-se possíveis graças ao aparelho da narrativa para lidar simultaneamente com a canonicidade e a excepcionalidade. Assim, além de um conjunto de normas, uma cultura deve também conter um conjunto de procedimentos interpretativos para clarificar os desvios das normas significativas em termos de padrões estabelecidos de crença. É da narrativa e da sua interpretação que a psicologia comum depende para conseguir este tipo de significado. As histórias obtêm os seus significados mediante a explicação dos desvios do normal de uma forma compreensível – ao fornecerem a "lógica impossível" discutida na secção anterior. Agora, é melhor examinarmos esta matéria mais em pormenor.

Comecemos com o "habitual", com o que as pessoas presumem sobre o comportamento que se desenvolve à sua volta. Presumimos, por exemplo, que em todas as culturas as pessoas se comportam de uma maneira apropriada à situação em que se encontram. Na verdade, Roger Barker dedicou vinte anos de pesquisa perceptiva a demonstrar o poder desta regra social aparentemente banal [22]. Espera-se que as pessoas se comportem conforme a situação, quaisquer que sejam os seus "papéis", se são introvertidas ou extrovertidas, quaisquer que sejam as suas pontuações no MMPI, quaisquer que sejam os seus partidos políticos. Como Barker referiu, quando as pessoas vão ao correio, comportam-se de uma maneira apropriada ao "correio".

A "regra da situação" vale tanto para a fala como para a acção. O Princípio Cooperativo de Paul Grice capta bem a ideia. Grice propôs quatro máximas acerca do modo como se conduzem ou

---

[22] Roger G. Barker, *Habits, Environments, and Human Behaviour* (São Francisco: Jossey-Bass, 1978).

devem conduzir as trocas conversacionais – máximas de qualidade, de quantidade e de estilo: as nossas respostas uns aos outros devem ser breves, claras, relevantes e verdadeiras. Os desvios destas máximas criam um excesso de significado, ao produzirem o que Grice chama "implicações conversacionais", desencadeadores que suscitam demandas do "significado" no excepcional, significados que são inerentes à natureza do seu desvio do uso vulgar ([23]).

Quando as pessoas se comportam de acordo com o princípio situacional de Barker ou com as máximas de troca conversacional de Grice, não perguntamos *porquê:* o comportamento olha-se, sem mais, como garantido, não precisando de mais nenhuma explicação. Porque ser habitual, experimenta-se como canónico e também como auto-explicativo. Surge-nos como garantido, pois, se perguntarmos a alguém onde está fulano ou sicrano, dar-nos-ão indicações relevantes, correctas, claras e breves; *este* tipo de resposta não precisa de explicação. As pessoas acharão muitíssimo estranho se lhes perguntarmos *porque é que* elas se comportam em conformidade com a situação, por exemplo, nos correios, e fornecem respostas breves, claras, relevantes e sinceras a pedidos de informação. Pressionados a explicar o que já parece auto-explicativo, os interlocutores responderão ou com um quantificador ("Toda a gente faz isso") e/ou com um modal deôntico ("É o que *supostamente* se deve fazer"). O impacto da sua explicação indicará a adequação do contexto como local do acto em questão.

Em contrapartida, quando deparamos com uma excepção ao habitual, e perguntamos a alguém o que é que se está a passar, a pessoa por nós interrogada fará virtualmente quase sempre um relato que contém *razões* (ou algumas outras especificações de um estado intencional). Além disso, o relato será quase invariavelmente uma descrição de um mundo possível, em que a excepção encontrada é, de alguma forma, realizada para gerar sentido ou

---

([23]) H. Paul Grice, *Studies in the Way of Words* (Cambridge, Mass.: Harvard University Press, 1989).

ter "significado". Se alguém entra nos correios, desfralda a bandeira dos Estados Unidos, e começa a agitá-la, o seu interlocutor de psicologia comum dir-lhe-á, em resposta à pergunta perplexa de alguém, que hoje é provavelmente algum feriado nacional de que ele próprio se esqueceu, e que o American Legion Post terá porventura algum angariador de fundos, ou simplesmente que o homem da bandeira é algum fanático nacionalista, cuja imaginação foi tocada por algo no jornal da manhã.

Todas estas histórias parecem planeadas para dar significado ao comportamento excepcional, de forma a implicar tanto o estado intencional do protagonista (crença ou desejo) como algum elemento canónico na cultura (feriado nacional, angariador de fundos, nacionalismo marginal). *A função da história é encontrar um estado intencional que mitigue ou, pelo menos, torne compreensível um desvio do padrão cultural canónico.* Tal realização é que confere verosimilhança à história. Também lhe pode dar uma função pacificadora, mas este assunto pode ficar para um próximo capítulo.

Após a consideração das três características da narrativa – a sua sequencialidade, a sua "indiferença" factual, e a sua forma única de gerir os desvios do canónico – devemos voltar-nos agora para a sua qualidade dramática. A discussão clássica de "dramatismo" feita por Kenneth Burke, como ele a designou há cerca de meio século, ainda serve bem como ponto de partida [24]. As histórias bem formadas, propôs Burke, são compostas pela pêntade Actor, Acção, Objectivo, Cena, Instrumento – mais Contratempo. Este consiste num desequilíbrio entre qualquer dos cinco elemen-

---

[24] Kenneth Burke, *A Grammar of Motives* (Nova Iorque: Prentice-Hall, 1945). Estou em dívida para com David Shulman, do Instituto de Estudos Asiáticos e Africanos da Universidade Hebraica de Jerusalém, por advertir que poderá haver um pendor etnocêntrico nesta descrição. Levanta a interessante questão de se a explicação que Kenneth Burke faz da retórica da narrativa não será demasiado "homeostática" para ser universal. "Pode imaginar-se – bem, de facto não há razão para tal, uma vez que há exemplos na Índia – uma narrativa que comece com um desequilíbrio ou desarmonia inicial, progrida para a sua solução e conclua, em seguida, reinstaurando a situação problemática original.

tos da pêntade: uma Acção para um Objectivo é inadequada numa determinada Cena, como os grotescos feitos de Dom Quixote em busca de propósitos cavaleirescos; um Actor que não se enquadra na Cena, como Portnoy em Jerusalém ou Nora em A *Casa de Bonecas;* ou há uma Cena dupla como nos *thrillers* de espiões ou uma confusão de Objectivos como sucede com Emma Bovary.

O dramatismo, no sentido de Burke, centra-se nos desvios do canónico que têm consequências morais – desvios relacionados com a legitimidade, com o empenhamento moral, com os valores. Então, as histórias têm necessariamente a ver com o que é moralmente valorizado, apropriado ou incerto. A noção real de Contratempo pressupõe que as Acções se devem harmonizar de um modo adequado com os Objectivos, os Instrumentos com as Cenas, e assim por diante. As histórias, conduzidas até ao desenlace, são explorações nos limites da legitimidade, como salientou Hayden White ([25]). Emergem "semelhantes à vida", com um Contratempo moralmente explicado, se não remediado. E se os

---

O fechamento seria então um restabelecimento de algum ciclo dinâmico de transformação, talvez em espiral. Vem à mente *o Sakuntala* de Kalidasa, o drama mais famoso da literatura sânscrita: embora a poética sânscrita trate esta peça de um modo diferente (um fechamento mais estável e integrado), a leitura que dela eu fizesse seria análoga ao que já aqui delineei. Por acaso, as ramificações da cognição são explicitamente trazidas à superfície do último acto da obra, em que o protagonista compara o seu próprio universo mental com o de um homem que, ao olhar para um elefante bem à sua frente, diz: "Isto *não* é um elefante", e só mais tarde, quando o elefante começa a afastar-se, é que surge uma pequena dúvida na sua mente; até que, por fim, quando o elefante desapareceu, o homem observa as pegadas que o animal deixou atrás de si e declara com toda a convicção: *"Esteve* aqui um elefante" (carta particular, 15 de Dezembro de 1989). O "dramatismo" de Burke poderia, decerto, conceber-se (assim sugere Schulman) como um círculo ou ciclo; e cada qual, dependendo da tradição, começaria em qualquer ponto do ciclo; o único requisito, porém, é que a história percorra todo o ciclo. Para a ulterior discussão deste assunto, ver Victor Turner, *From Ritual to Theatre: The Human Seriousness of Play* (Nova Iorque: Performing Arts Journal Publications, 1982)

([25]) Hayden White, "The Value of Narrativity in the Representation of Reality" em W.J.T. Mitchell, *On Narrative* (Chicago: University of Chicago Press, 1981),1-24.

desequilíbrios se mantêm de forma ambígua, como muitas vezes acontece na ficção pós-moderna, é porque os narradores procuram subverter os meios convencionais pelos quais as histórias adquirem um acento moral. Contar uma história é assumir inevitavelmente uma posição moral, mesmo se tal posição se vira contra outras.

Outra característica da narrativa bem formada é a que eu designei noutro lado corno a sua "paisagem dupla" ([26]). Ou seja, os eventos e as acções num "mundo real" putativo ocorrem ao mesmo tempo que os eventos mentais na consciência dos protagonistas. A ligação discordante entre os dois, como o Contratempo na pêntade de Burke, fornece força motivadora à narrativa – como acontece com Píramo e Tisbe, Romeu e Julieta, Edipo e a sua esposa/mãe Jocasta. As histórias têm a ver com a forma como os protagonistas interpretam as coisas, com o que as últimas significam para eles. Tal insere-se nas circunstâncias da história – que implica uma convenção cultural e um desvio a seu respeito, explicável em termos de um estado intencional individual. Isto confere às histórias um estatuto não só moral, mas também epistémico.

A narrativa literária modernista, para usar uma expressão de Erich Kahler, sofreu uma "viragem interior" ao destronar o narrador omnisciente, que conhecia o mundo "como era" e o que deste estavam a fazer os seus protagonistas ([27]). Ao livrar-se dele, a novela moderna avivou a sensibilidade contemporânea para o conflito inerente a duas pessoas que tentam conhecer o mundo "externo" a partir de perspectivas diferentes. É um aspecto que importa salientar, pois ilustra a extensão em que diferentes culturas históricas lidam com a relação entre as duas "paisagens". Erich Auerbach, que traça a história da representação da reali-

---

[26] Jerome Bruner, *Actual Minds, Possible Words* (Cambridge, Mass.: Harvard University Press, 1986).

[27] Erich Kahler, *The Inward Turn of Narrative* (Princeton: Princeton University Press, 1953).

dade na literatura ocidental com a obra *Mimesis,* começa com realidades narratoriamente certas da *Odisseia* e termina com a rarefeita fenomenonologia da obra *To the Lighthouse* de Virgínia Woolf [28]. Merece mais do que uma referência passageira o facto de que, desde Flaubert e Conrad até ao presente, o Contratempo que impele a narrativa literária se tornou, por assim dizer, mais epistémico, mais implicado no recontro de significados alternativos, menos enredado nas realidades estabelecidas de um cenário de acção. E talvez isto se verifique também com a narrativa mundana. A este respeito, a vida deve certamente ter imitado a arte, por agora.

Começa a ser claro porque é que a narrativa é um veículo natural da psicologia comum. Lida (quase desde a primeira palavra da criança, como veremos no próximo capítulo) com o material da acção e intencionalidade humanas. Estabelece uma mediação entre o mundo canónico da cultura e o mundo mais idiossincrático das crenças, desejos e esperanças. Toma o excepcional compreensível e mantém à distância o estranho e sinistro – excepto quando este se requer como *tropo*. Reitera as normas da sociedade, sem ser didáctico. E, como presentemente se tornará claro, fornece uma base para a retórica sem confronto. Pode até ensinar, conservar a memória ou alterar o passado.

*

Até agora, disse muito pouco acerca do parentesco estrutural ou da afinidade entre as narrativas "ficcionais" e "empíricas", assunto que antes mencionei, ao abordar a indiferença da narrativa em relação à referência. Dada a especialização das linguagens ordinárias em estabelecer contrastes binários, porque é que nenhuma delas impõe, de uma vez por todas, uma nítida distinção gramatical ou lexical entre histórias verdadeiras e histórias ima-

---

[28] Erich Auerbach, *Mimesis: The Representation of Reality in Western Literature,* (Princeton: Princeton University Press, 1953).

ginativas? Como se pretendesse ridicularizar a distinção, a ficção reveste-se, frequentemente, a si própria com a "retórica do real" para conseguir a sua verosimilhança imaginativa. E sabemos, em especial pelos estudos da forma autobiográfica, que as formas ficcionais fornecem, por vezes, as linhas estruturais em cujos termos "as vidas reais" se organizam. Na verdade, as línguas ocidentais, na sua maioria, conservam no seu léxico palavras que parecem perversamente subverter a distinção entre *Dichtung e Wahrheit: storia* em italiano, *histoire* em francês, *story* em inglês. Se verdade e possibilidade são inextricáveis na narrativa, tal colocaria as narrativas da psicologia comum sob uma estranha luz, deixando o ouvinte assombrado com o mundo e a imaginação. E, de facto, assim acontece muitas vezes: será uma explicação narrativa particular apenas uma "boa história", ou será "verdadeira"? Quero deter-me brevemente nesta curiosa imprecisão, pois penso que ela revela algo importante acerca da psicologia comum.

Regressemos à nossa anterior discussão da *mimese.* Lembremos a afirmação de Ricoeur de que a "história" (factual ou imaginária) convida à reconstituição do que poderia ter acontecido. Wolfgang Iser expressa-se de modo análogo, ao observar que uma das características da ficção é que ela situa os eventos num "horizonte" mais vasto de possibilidades ([29]). Em *Actual Minds, Possible Worlds,* tentei mostrar como a linguagem da narrativa hábil difere da utilizada na exposição engenhosa, em virtude do seu emprego de "transformações subjuntivas". Estas são usos lexicais e gramaticais que iluminam estados subjectivos, circunstâncias atenuantes, possibilidades alternativas. Um conto de James Joyce apresentava um contraste muito vivo com um relatório etnográfico exemplar de Martha Weigel sobre a irmandade

---

([29]) Wolfgang Iser, *The Act of Reading: A Theory of Aesthetic Response* (Baltimore: Johns Hopkins University Press, 1978). É do mesmo autor o mais recente *Prospecting: From Reader Response to Literary Anthropology* (Baltimore: Johns Hopkins University Press,1989) desenvolve mais profundamente este ponto.

de sangue Penitente, não só no uso que o autor faz dos "subjuntivos", mas também pela incorporação que deles efectua o leitor, ao falar sobre o que foi lido. A "história" acabava na memória ainda mais subjunctivada do que fora escrita; a "exposição" acabava tal como fora feita no texto. Para fazer uma boa *história,* há que torná-la, parece, um tanto incerta, aberta de algum modo a leituras díspares, mais do que sujeitas aos caprichos dos estados intencionais, indeterminados.

Uma história que consiga satisfazer a incerteza ou subjunctividade requerida – que adquira o que os críticos formalistas russos referem como a sua "literariedade", a sua *literaturnost* – deve desempenhar algumas funções especiais para os que caem sob a sua influência. Infelizmente, sabemos muito pouco deste assunto, mas eu gostaria de apresentar algumas hipóteses puramente especulativas a seu respeito, se o céptico leitor for indulgente comigo.

A primeira é que as histórias "subjunctivas" são de mais fácil acesso e suscitam uma mais fácil identificação. Podem ser experimentadas pela dimensão psicológica, aceites se se ajustarem, rejeitadas se dificultarem a identidade ou competirem com empenhamentos estabelecidos. A "omnipotência do pensamento" da criança permanece, segundo desconfio, bastante sólida durante a vida adulta para saltarmos para o palco e nos tornarmos (mesmo se só por um momento) quem quer que possa estar em cena e em qualquer situação. A história, numa palavra, é uma experiência vicária, e o tesouro das narrativas em que podemos ingressar inclui, ambiguamente, ou "relatos da experiência real" ou ofertas da imaginação culturalmente configurada.

A segunda hipótese tem a ver com aprender a distinguir, na expressão de Yeats, "o dançarino da dança". Uma história é a história de *alguém*. Apesar dos antigos esforços literários para estilizar o narrador num "Eu omnisciente", as histórias têm inevitavelmente uma voz narratária: os acontecimentos são vistos através de um conjunto particular de prismas pessoais. E, em especial, quando as histórias assumem a forma, como tantas vezes fazem (assim veremos no capítulo seguinte), de justificações ou "desculpas", a sua voz retórica é simples. Não têm a qualidade de "morte súbita" das exposições objectivamente enquadradas, onde as coisas são retratadas "como são". Quando queremos inserir no domínio dos significados negociados uma explicação de qualquer coisa, dizemos, ironicamente, que era uma "boa história". Então, as histórias são, pois, instrumentos especialmente viáveis para a negociação social. E o seu estatuto, mesmo quando são apregoadas como histórias "verdadeiras", permanece para sempre no domínio que fica entre o real e o imaginário. O perpétuo revisionismo dos historiadores, a emergência dos *docudramas* (*), a invenção literária da *faction* (**), a conversa de travesseiro dos pais tentando reformular o sentido das acções dos filhos – tudo isto atesta a epistemologia sombria da história. Na verdade, a existência da história como uma forma é uma garantia perpétua de que a humanidade "irá além" das versões recebidas da realidade. Não será por isso que os ditadores têm de tomar medidas tão draconianas contra os novelistas da cultura?

E uma última especulação. E mais fácil viver com versões alternativas de uma história do que com premissas alternativas numa explicação "científica". Não sei, em qualquer sentido psicológico mais profundo, porque é que isto deve ser assim, embora tenha uma suspeita. *Sabemos* mediante a nossa experiência pessoal em contar histórias consequenciais sobre *nós próprios* que há uma vertente inevitavelmente "humana" para a instituição de sentido. E estamos preparados para aceitar outra versão como "apenas humana". O espírito do Iluminismo que levou Cari

---

(*) *Docudramas* no original; o Autor refere-se à forma *dramatizada* de apresentar na televisão acontecimentos históricos reais em documentários ou séries. (N. do E.)

(**) *Faction* no original; palavra composta por *fact* e por *ion* de *fiction*, significando peça literária, filme ou programa televisivos que integrem a dramatização de acontecimentos actuais. (N. do E.)

Hempel, já antes citado, a propor que a história se devia "reduzir" a formas proporcionais testáveis, passou por alto a função negociadora e hermenêutica da história.

Quero agora voltar-me para o papel da psicologia comum narrativizada que, num contexto mais alargado, se poderia chamar "organização da experiência". Interessam-me particularmente dois temas. Um deles, mais tradicional, denomina-se vulgarmente *esboço* ou esquematização, o outro é a *regulação do afecto*. O esboço fornece um meio de "construir" um mundo, de caracterizar o seu fluxo, de segmentar acontecimentos dentro desse mundo, e assim por diante. Se não fôssemos capazes de fazer tal esquematização, estaríamos perdidos no negrume da experiência caótica e, provavelmente, não sobreviveríamos de modo algum como espécie.

A forma típica de esquematizar a experiência (e a nossa memória dela) é a forma narrativa, e Jean Mandler prestou-nos o serviço de fornecer semelhante prova mostrando que o que *não* tem estrutura narrativa se esvai da memória ([30]). A esquematização prossegue a experiência até à memória, onde, como sabemos desde os estudos clássicos de Bartlett, é sistematicamente alterada para se ajustar às nossas representações canónicas do mundo social ou, se não for possível alterá-la, é esquecida ou marcada pela sua excepcionalidade.

Não passa de uma história familiar, mas foi de algum modo trivializada, porque se fez dela aparentemente um fenómeno de todo individual – apenas uma questão de registar os traços e os planos dentro de cada cérebro individual. Bartlett, há muito desaparecido, foi recentemente acusado pelos críticos de ter abandonado uma visão inicialmente "cultural" da esquematização da memória em favor de uma esquematização psicológica mais individualista. A transferência de um artigo menos conhecido de 1923 para o famoso livro de 1932 é discutida num ensaio de John

---

([30]) Jean Mandler, *Stories, Scripts, and Scenes: Aspects of Schema Theory* (Hillsdale, N.J.: Lawrence Erlbaum Associates, 1984).

Shotter. Este realça fortemente que a esquematização *é social*, designada mais para *a partilha* da memória numa cultura do que simplesmente para assegurar o armazenamento individual ([31]).
Refere a temível crítica social e antropóloga Mary Douglas como tendo dito: "O autor do melhor livro sobre a memória esqueceu as suas primeiras convicções, deixou-se absorver pelo enquadramento institucional da psicologia da Universidade de Cambridge e restringir pelas condições do laboratório experimental" ([32]).

Mas Bartlett não se esqueceu decerto da parte "cultural" do que decidira explorar. Numa secção final do seu celebrado livro, sobre a "psicologia social da recordação", diz:

"Todo o grupo social é organizado e mantido unido por alguma tendência psicológica específica ou conjunto de tendências, que dão ao grupo uma predisposição no seu confronto com as circunstâncias externas. A predisposição constrói as características persistentes especiais do grupo cultural... [e isto] estabelece imediatamente o que o indivíduo irá observar no seu meio ambiente e o que ele relacionará, da sua vida passada, com esta resposta directa. E fá-lo essencialmente de duas maneiras. A primeira, ao fornecer o contexto do interesse, da excitação e da emoção que favorece o desenvolvimento de imagens específicas, e a segunda, ao fornecer um enquadramento persistente de instituições e costumes que actua como base esquemática para a memória construtiva ([33])."

([31]) John Shotter, "The Social Construction of Forgetting and Remembering", em David Middleton and Derek Edwards, eds., *Collective Memory* (Londres: Sage Publications, 1990), p.120-138.

([32]) Os livros em questão são, claro, F. C. Bartlett, *Psychology and Primitive Culture* (Cambridge: Cambridge University Press, 1923), e o seu clássico *Remembering: A Study in Experimental and Social Psychology* (Cambridge: Cambridge University Press, 1932). Mary Douglas expõe o seu ponto de vista em *How Institutions Think* (Londres: Routledge and Kegan Paul, 1987), 25.

([33]) Bartlett, *Remembering,* p. 255.

A propósito do poder "esquematizador" das instituições a que ele se refere, deixem-me apresentar de novo um ponto já antes referido. A experiência no mundo social e a memória que temos dele estão poderosamente estruturadas não só por concepções profundamente interiorizadas e narrativizadas da psicologia comum, mas também pelas instituições historicamente enraizadas que uma cultura elabora para as apoiar e reforçar. Scott Fitzgerald estava certo ao dizer que os muito ricos são "diferentes", não só porque têm fortunas, mas também porque são *vistos* como diferentes e, na realidade, actuam como tal. Até a "ciência" reforça estas percepções e as suas transformações da memória, como sabemos através de livros recentes como *Deceptive Distinctions,* de Cynthia Fuchs Epstein, que demonstra como os estereótipos de género eram sistematicamente acentuados e exagerados pela escolha selectiva dos instrumentos de pesquisa para os medir [34]. A actual estrutura do nosso léxico, embora não nos force talvez a codificar os eventos humanos de um modo particular, predispõe-nos decerto a ser culturalmente canónicos.

Consideremos agora os modos culturalmente impostos de dirigir e regular o afecto no interesse da coesão cultural, referida por Bartlett. Este, na sua obra *Remembering,* sublinha que o mais característico nos "esquemas da memória", como ele os concebe, é estarem sob o controlo de uma "atitude" afectiva. Na verdade, observa que quaisquer "tendências conflituosas" susceptíveis de arruinar o aprumo individual ou de ameaçar a vida social servem também provavelmente para desestabilizar a organização da memória. É como se a unidade do afecto (em contraste com o "conflito") fosse uma condição para a esquematização económica da memória.

---

[34] Cynthia Fuchs Epstein, *Deceptive Distinctions: Sex, Gender, and the Social Order* (New Haven: Yale University Press, 1988).

De facto, Bartlett ainda vai mais longe. Sublinha que, no esforço concreto para lembrar alguma coisa, o que frequentemente vem à mente em primeiro lugar é um afecto ou uma "atitude" carregada – que "tal" era algo desagradável, algo que conduzia ao embaraço, algo que era excitante. O afecto é mais parecido com uma impressão digital do esquema a ser reconstruído. "A evocação é, pois, uma construção feita, principalmente, na base desta atitude, e o seu efeito geral é o de uma justificação da atitude". Lembrar serve, nesta perspectiva, para justificar uma afecto, uma atitude. O acto de recordar é "carregado", realizando, por isso, uma função "retórica" no processo de reconstrução do passado. É uma reconstrução designada para justificar. A retórica, por assim dizer, até determina a forma de "invenção" para que deslizamos, ao reconstruir o passado: "O sujeito confiante justifica-se a si próprio – obtém uma racionalização, por assim dizer – ao estabelecer mais pormenores do que os que estavam realmente presentes; ao passo que o sujeito cuidadoso e hesitante reage de maneira oposta e encontra a sua justificação, diminuindo em vez de aumentar os pormenores apresentados [na experiência]" ([35]).

Mas gostaria de acrescentar uma dimensão interpessoal ou cultural à descrição de Bartlett. Não estamos apenas a tentar convencer-nos com as nossas reconstruções da memória. Recordar o passado também cumpre uma função dialógica. O interlocutor de quem recorda (quer presente em pessoa quer na forma abstracta de um grupo de referência) exerce uma subtil mas firme pressão. Trata-se, decerto, do embate das brilhantes experiências de Bartlett na reprodução em série, nas quais um conto ameríndio, no começo, culturalmente estranho, se torna objecto de convenção cultural quando passa sucessivamente de um estudante de Cambridge para outro. Na frase de Bartlett, criamos uma "meteorologia simpática" nas nossas reconstruções de memória. É uma meteorologia simpática não só para nós, mas também para os nossos interlocutores.

([35]) Bartlett, *Remembering,* p. 21.

Numa palavra, os processos implicados em "ter e manter" a experiência são informados pelos esquemas embebidos das concepções psicológicas comuns do nosso mundo – as crenças constituintes e as narrativas de escala mais vasta que os inserem nas configurações ou enredos temporais, antes referidos.

*

Mas a narrativa não é só estrutura de enredo ou dramatismo. Nem é apenas "historicidade" ou diacronicidade. É também uma forma de utilizar a linguagem. Para a sua eficácia, parece depender da sua "literariedade", como já assinalei ao discutir a sua "subjunctividade" – mesmo ao narrar os contos quotidianos. Conta, em grau notável, com o poder dos tropos – com a metáfora, a metonímia, a sinédoque, a implicação, etc. Sem eles, perde o seu poder de "expandir o horizonte das possibilidades", de explorar a gama completa de conexões entre o excepcional e o habitual [36]. Lembre-se que Ricoeur fala mesmo da *mimese* como "metáfora da realidade".

A narrativa deve, ademais, ser concreta: deve "ascender ao particular", como Karl Marx uma vez afirmou [37]. Uma vez alcançadas as suas particularidades, converte-as em tropos: os seus Agentes, Acções, Cenas, Objectivos e Instrumentos (bem como os seus Contratempos) transformam-se em emblemas. Schweitzer toma-se "compaixão"; Talleyrand, "sagacidade"; a campanha Russa de Napoleão, a tragédia da ambição excessiva; o Congresso de Viena, um exercício de prepotência imperial interesseira.

Há uma propriedade primordial que todos estes "emblemas" partilham e que os torna diferentes das proposições lógicas. Impenetráveis tanto à inferência como à indução, resistem aos procedi-

---

[36] Iser, *The Act of Reading*.

[37] Marx citado por Oliver Sacks na sua introdução a A. R. Luria, *The Man with a Shattered Mind: The History of a Brain Wound* (Cambridge, Mass: Harvard University Press, 1987).

mentos lógicos para estabelecer o que *significam*. Devem, como dizemos, ser *interpretados*. Leiam três das peças de Ibsen: *O Pato Selvagem, A Casa de Bonecas e Hedda Gablér*. Não há nenhuma maneira de chegar logicamente às suas "verdadeiras condições". Elas não se podem decompor num conjunto de proposições atómicas que permitiriam a aplicação de operações lógicas, ou inequivocamente extrair as suas "substâncias". Será o filho que regressa em *O Pato Selvagem* um símbolo da inveja, do idealismo ou, como ele sugere obscuramente nas linhas finais, representará todos os "que estão destinados a ser o décimo terceiro convidado ao jantar"? Será a Nora de *A Casa de Bonecas* uma feminista prematura, uma narcisista frustrada ou uma mulher que paga o preço elevado da respeitabilidade? E Hedda: Será a história da filha mimada de um pai famoso, da morte implícita na esperança da perfeição, da cumplicidade inevitável da autodecepção? A interpretação que oferecemos, quer seja histórica, literária ou judicial é, como já demos a entender, sempre normativa. Não se pode defender nenhuma destas interpretações sem ter uma base moral e uma postura retórica. Qualquer um pode interpretar univocamente as histórias em ambos os lados de uma disputa familiar ou os "argumentos" em ambos os lados de um caso perante um Supremo Tribunal. De facto, o próprio acto de fala implicado no "contar uma história" – verídica ou imaginária –, adverte o espectador de que o seu significado não pode ser estabelecido pelas regras de Frege-Russell relativas ao sentido e à referência ([38]). Interpretamos as histórias pela sua verosimilhança, pela sua "aparência de verdade" ou, mais exactamente, pela sua "semelhança com a vida".

Os significados interpretativos do género dos que estamos a considerar são metafóricos, alusivos, muito sensíveis ao contexto. São, todavia, a moeda da cultura e da sua psicologia comum nar-

---

[38] Para um proveitoso debate sobre os limites do sentido e referência na definição de significado, ver Umberto Eco, Marco Santambrogio and Patrizia Violi, eds., *Meaning and Mental Representations* (Bloomington: Indiana University Press, *1988).*

rativizada. O significado difere, neste sentido, de um modo fundamental do que os filósofos na dominante tradição anglo-americana entenderam por "significado". Implicará tal que "o significado cultural" deve, pois, ser uma categoria totalmente impressionista ou literária? Se assim fosse, então os presságios não serão bons para uma psicologia cultural que tem o conceito "perdedor" de significado no seu centro. Mas não penso que assim seja e, devo dar uma explicação.

No princípio deste século, a filosofia anglo-americana voltou as costas ao que tradicionalmente se designou "psicologismo". Não deve haver confusão entre *o processo* de pensamento, por um lado, e o "pensamento puro" por outro. O primeiro é totalmente irrelevante para o reino do significado no seu sentido filosófico: é subjectivo, privado, sensível ao contexto e idiossincrático, enquanto os pensamentos puros, inseridos nas proposições, são partilhados, públicos e sujeitos a escrutínio rigoroso. Os primeiros filósofos anglo-americanos (e incluo neles Gottlob Frege, pois inspirou o movimento) olhavam com profunda desconfiança para a linguagem natural e decidiram levar avante o seu empreendimento no meio descontextualizado da lógica formal [39]. Ninguém duvidou de que existia um genuíno problema relativo ao modo como as mentes individuais se apropriavam de significados idiossincráticos, mas não era essa a questão filosófica central. O problema filosófico era antes determinar os significados dos enunciados ou proposições *por escrito*. Tal deveria fazer-se estabelecendo a sua referência e sentido: a referência, determinando as condições para a verdade do enunciado; o sentido, estabelecendo com que outros enunciados se podia relacionar. A verdade era objectiva: as asserções são verdadeiras ou falsas, quer as reconheçamos ou não como tais. O sentido, de uma maneira geral, era independente de qualquer sentido particular ou privado – um assunto que nunca foi totalmente desenvolvido, provavel-

---

[39] Ver principalmente Marco Santambrogio e Patrizia Violi, "Introduction", in Eco, Santambrogio e Violi, *Meaning and Mental Representations*, 3-22.

mente porque não o podia ser. Sob este regime, o significado tornou-se uma ferramenta filosófica, um instrumento formal de análise lógica.

Os enunciados descontextualizados na tradição lógica formal são como se não expressos de lado algum e por ninguém – textos auto-suficientes, "não patrocinados" ([40]). Estabelecer o significado de tais textos implica um conjunto altamente abstracto de operações formais. Muitos psicólogos, linguístas, antropólogos e um crescente número de filósofos lamentaram que a dependência do significado das condições de "verificação" deixe virtualmente intocado o conceito humano, mais vasto, de significado enquanto referido ao uso.

Levados pelos teóricos dos actos de fala inspirados directamente por John Austin e indirectamente por Wittgenstein, os estudiosos da mente centraram os seus esforços, ao longo dos últimos trinta anos, na restituição do contexto comunicativo às discussões em tomo do significado ([41]). Embora as asserções se tratassem na tradição clássica como locuções descontextualizadas ou não patrocinadas, também podiam abordar-se, em princípio, como expressando a intenção comunicativa do falante. E, no mesmo espírito, poderia então inquirir-se se o significado do locutor foi compreendido ou "aceite" por um ouvinte e o que determinou tal acolhimento. Como todos sabemos, a recepção depende do facto de o falante e o ouvinte partilharem um conjunto de convenções para comunicarem diferentes tipos de significado. Nem estes significados estavam limitados a assuntos de referência e verdade.

As asserções incluem muito mais intenções do que a simples referência: pedir, prometer, informar e, por vezes, até mesmo desempenhar uma função cultural ritual, como no acto do bap-

---

[40] Roy Harris, "How Does Writing Restructure Thought?" *Language and Communication* 9 (1989): 99-106.

[41] John L. Austin, *How to Do Things with Words* (Cambridge, Mass: Harvard University Press, 1962). Ludwig Wittgenstein, *The Blue and Brown Books* (Nova Iorque: Harper and Row, 1958). Wittgenstein, *Philosophical Investigations* (Nova Iorque: Macmillan, 1953).

tismo. As convenções partilhadas que ajustaram uma asserção do locutor às ocasiões do seu uso não eram condições de verdade, mas *condições de felicidade:* regras não só sobre o conteúdo proposicional de uma asserção, mas também sobre as pré-condições contextuais requeridas, sobre a sinceridade na transacção e sobre as condições essenciais que definem a natureza do acto de fala (por exemplo, para "prometer", temos de ser capazes de realizar). Mais tarde, Paul Grice enriqueceu a explicação, ao notar que todas estas convenções eram ainda constrangidas pelo Princípio Cooperativo, ao qual já antes aludi – um conjunto de máximas sobre a brevidade, a relevância, a clareza e a sinceridade das trocas conversacionais [42]. E daqui partiu a poderosa ideia de que o significado é também gerado, segundo modos convencionais, pela violação destas máximas.

Com a introdução de condições de felicidade e das máximas de Grice, o "texto não patrocinado" no quadro preto do lógico abriu espaço ao discurso situado que suporta a força ilocucionária do intento de um locutor. O significado no discurso situado tornou-se cultural e convencional. E a sua análise ganhou uma base empírica e dotada de princípios, em vez de ser meramente intuitiva. Foi com este espírito que propus a restauração da construção do significado como processo central de uma psicologia cultural, de uma Revolução Cognitiva revigorada. Penso que o conceito de "significado" entendido segundo princípios voltou a ligar as convenções linguísticas à rede de convenções que constituem a cultura.

Uma última palavra sobre o significado, sobretudo quando ele depende da apreensão de qualquer narrativa em que está inserido. Introduzi o conceito de narrativa por respeito ao facto óbvio de que, na sua compreensão dos fenómenos culturais, as pessoas não lidam com o mundo evento a evento, ou com o texto enunciado a enunciado. Enquadram os eventos e os enunciados

---

[42] H. Paul Grice, *Studies in the Way of Words* (Cambridge, Mass: Harvard University Press, 1989). Para um debate conciso, ver Stephen C. Levinson, *Pragmatics* (Cambridge e Nova Iorque: Cambridge University Press, 1983).

em estruturas mais alargadas, quer nos esquemas da teoria da memória de Bartlett, nos "planos" de Schank e Abelson, ou nos "encaixes" propostos por Van Dijk ([43]). Estas estruturas mais amplas fornecem um contexto interpretativo para os componentes que abarcam. Assim, por exemplo, Elizabeth Bruss e Wolfgang Iser fornecem uma descrição teórica do *super*-acto-de-fala que constitui uma história ficcional, ou Philippe Lejeune descreve sistematicamente o que alguém, como escritor ou leitor, empreende ao enveredar por aquilo que ele baptizou de "pacto autobiográfico" ([44]). Ou pode imaginar-se a especificação das condições acerca dos significados de determinadas asserções que se seguem à declaração inicial "Oremos". Sob o seu regime, a expressão "O pão nosso de cada dia nos dai hoje" não é para ser considerada como requisito mas, diga-se, como um acto de respeito ou confiança. E, se for para se compreender neste contexto, há que interpretá-lo como um *tropo*.

Creio que deveremos ser capazes de interpretar os significados e a sua formação segundo princípios apenas na medida em que formos capazes de especificar a estrutura e a coerência dos amplos contextos em que significados específicos se criam e transmitem. Eis porque escolhi terminar este capítulo com uma clarificação do tema do significado. Ela não irá simplesmente rejeitar a centralidade teórica do significado para a psicologia, em virtude do seu carácter "vago". A sua vaguidade estava sob o olhar do lógico formalístico do passado. Actualmente, já ultrapassámos isso.

([43]) Bartlett, *Remembering*. Roger Schank e Robert Abelson, *Scripts, Plans, Goals, and Understanding* (Hillsdale, N. J.: Lawrence Erlbaum Associates, 1977). T. A. Van Dijk, *Macrostructures: An Interdisciplinary Study of Global Structures in Discourse, Interaction, and Cognition* (Hillsdale, N.J.: Lawrence Erlbaum Associates, 1980), 233-235.

([44]) Elizabeth W. Bruss, *Beautiful Theories: The Spectacle of Discourse in Contemporary Criticism* (Baltimore: Jonhs Hopkins University Press, 1982). Iser, *The Act of Reading*. Philippe Lejeune, *On Autobiography,* (Minneapolis: University os Minnesota Press, 1989).

3.
O Ingresso do Significado

No capítulo anterior, procurei em especial descrever o que chamei "psicologia comum" – talvez o rótulo de "etnociência humana" tivesse sido um termo melhor. Quis mostrar como os seres humanos, na sua interacção recíproca, formam um sentido do canónico e do habitual como pano de fundo sobre o qual irão interpretar e dar um significado narrativo às roturas e aos desvios dos estados "normais" da condição humana. Tais explicações narrativas têm o efeito de enquadrar o idiossincrático num giro "afim à vida", que pode promover a negociação e evitar a disrupção e a contenda confrontacionais. Finalmente, abordei o caso numa perspectiva de construção cultural do significado como um sistema preocupado não só com o sentido e a referência, mas com "condições de felicidade" – as condições através das quais as diferenças no significado se podem resolver, invocando circunstâncias atenuantes que explicam as divergentes interpretações da "realidade".

Este método de negociação e renegociação de significados através da mediação da interpretação narrativa é, parece-me, uma das realizações máximas do desenvolvimento humano nos sentidos ontogenético, cultural e filogenético da expressão. Na perspectiva cultural, é imensamente suportado, claro, por recursos narrativos armazenados de uma comunidade e, igualmente, pela sua preciosa panóplia de técnicas interpretativas: os seus mitos, a sua tipologia das situações humanas, e ainda as suas tradições para localizar e resolver narrativas divergentes. E filogeneticamente, como iremos ver de seguida, é suportado na evolução pela emergência nos importantes primatas (mesmo antes do *Homo*) de uma capacidade cognitiva primordial para reconhecer e, na verdade, explorar as crenças e os desejos dos congéneres – uma capacidade cognitiva a que David Premack chamou inicialmente "teoria da mente" ([1]).

Neste capítulo, proponho examinar alguns dos modos como o jovem ser humano obtém (ou realiza) o poder da narrativa, a habilidade não só de marcar o que é culturalmente canónico, mas de explicar os desvios que podem estar incorporados na narrativa. A realização desta habilidade, como tentarei mostrar, não é simplesmente uma realização mental, mas uma realização de prática social que confere estabilidade à vida social da criança. Uma das mais poderosas formas de estabilidade social, ao nível do famoso sistema de troca para o qual Lévi-Strauss chamou a nossa atenção, é a tendência humana para partilhar histórias de diversidade humana e para tornar as suas interpretações congruentes com os divergentes empenhamentos morais e obrigações institucionais que prevalecem em todas as culturas ([2]).

*

Mas temos um longo caminho a percorrer antes de podermos lidar com tão grandes generalidades. Proponho discutir em que medida é que os jovens seres humanos "ingressam no signifi-

---

([1]) David Premack e G. Woodruff, "Does the Chimpanzee Have a Theory of Mind?" *Behavioral and Brain Sciences* 1 (1978): 515-526.
([2]) Claude Lévi-Strauss, *Structural Anthropology* (Nova Iorque: Basic Books, 1963).

cado", como é que aprendem a fazer sentido, sobretudo sentido narrativo, do mundo à sua volta. O recém-nascido, diz-se, não pode compreender "significados". Todavia, dentro de um prazo muito curto (e indicaremos tal data como desde o início do uso da linguagem), ele é capaz de o fazer. Quero, pois, começar esta explicação com uma digressão necessária por aquilo que, à falta de um termo melhor, apelidarei de "biologia do significado".

A expressão, inicialmente, parece um oxímoro, pois o próprio significado é um fenómeno culturalmente mediado que depende da existência prévia de um sistema simbólico partilhado. Assim, como é que pode existir uma "biologia" do significado? Reconhecemos, desde C. S. Peirce, que o significado depende não só de um signo e de um referente, mas também de um *interpretante* – uma representação do mundo, em cujos termos a relação do signo-referente é mediada ([3]). Lembre-se que Peirce fez uma distinção entre ícone, indíce e símbolo: o ícone funda uma relação de "semelhança" com o seu referente enquanto figura, o índice uma relação contingente como na relação entre o fumo e o fogo, e o símbolo depende de um *sistema* de signos tal que a relação de um signo com o seu referente é arbitrária e governada apenas pela sua posição dentro do sistema de signos que define o que ele "substitui". Neste sentido, os símbolos dependem da existência de uma "linguagem" que contém um sistema de signos ordenado ou governado por regras.

O significado *simbólico* depende, pois, de um modo crítico da capacidade humana de interiorizar uma linguagem e usar o seu *sistema* de signos como um interpretante nesta relação "de substituição". A única maneira de, nesta perspectiva, podermos conceber uma biologia do significado é através da referência a alguma espécie de sistema precursor que prepara o organismo pré-linguístico para se movimentar na linguagem, uma espécie de sistema protolinguístico. Conceber assim o assunto seria invocar o inato, asseverar que temos um dom inato para a linguagem.

([3]) Ver capítulo 2, nota 20.

Tais apelos para o inato não são novos, e podem tomar muitas formas diferentes. Há uma geração atrás, por exemplo, Noam Chomsky propôs um "dispositivo de aquisição da linguagem", inato, que actuava aceitando apenas os dados linguísticos iniciais no meio ambiente imediato da criança que correspondiam a uma postulada estrutura profunda, característica de todas as línguas humanas ([4]). A sua noção de estrutura profunda era inteiramente sintáctica e nada tinha a ver com o "significado" ou, inclusive, com os usos efectivos da linguagem. Era uma capacidade de todo linguística, uma *competência* para a linguagem. A sua hipótese assentava na alegada habilidade da criança para apreender as regras da formação e da transformação de frases quando exposta a uma evidência inteiramente linguística, inclusive a uma evidência que não era suficiente para tal, que era "degenerada" ou "semigramatical". Não importava o que as frases significavam ou como eram usadas.

Nos anos subsequentes, correu muita tinta sobre a afirmação de Chomsky acerca da propensão sintáctica inata. Não precisamos de rever a história desta controvérsia, pois ela só indirectamente se refere a nós. A sua afirmação teve ao menos o efeito de nos acordar do empirismo sonolento que dominara a expeculação sobre a aquisição da linguagem desde Santo Agostinho. E, além disso, levou a uma torrente de pesquisa empírica sobre as condições que rodeavam a aquisição infantil de uma língua materna ([5]). Da vasta bibliografia de investigação emergiram três asserções acerca da aquisição inicial, que nos podem guiar na nossa demanda de uma biologia do significado.

([4]) Ver, por exemplo, Noam Chomsky, *Language and Mind* (Nova Iorque: Harcourt, Brace and World, 1968).

([5]) O leitor interessado em aprofundar este assunto encontrará referências aos ensaios exaustivos de, por exemplo: Derek Bickerton, *Roots of Language* (Ann Arbor, Mich.: Karoma,1981); Steven Pinker, *Learnability and Cognition* (Cambridge, Mass.: MIT Press, 1989); Dan Isaac Slobin, ed., *The Crosslinguistic Study of Language Acquisition,* 2 vols. (Hillsdale, N.J.: Lawrence Earlbaum Associates, 1985); Kenneth Wexler e Peter W. Culicover, *Formal Principles of Language Acquisition* (Cambridge, Mass.: MIT Press, 1980).

A primeira é que a aquisição da linguagem na criança requer muito mais assistência e interacção com as pessoas que por ela olham do que Chomsky (e muitos outros) suspeitaram. A linguagem não se adquire no papel de espectador, mas através do uso. Estar "exposto" a um fluxo de linguagem não é quase tão importante como usá-la no meio do "fazer". Aprender uma língua, para usar a famosa frase de John Austin, é aprender "como fazer coisas com as palavras". A criança não está apenas a aprender o *que* dizer mas como, onde, para quem e sob que circunstâncias ([6]). É decerto uma ocupação legítima para os linguístas examinar apenas as regras de análise que caracterizam o *que* uma criança diz de semana para semana, mas de modo algum isso pode fornecer uma explicação das condições de que depende a aquisição da linguagem.

A segunda conclusão é deveras importante e pode enunciar-se de uma forma simples. Certas funções ou intenções comunicativas encontram-se já bem implantadas antes de a criança dominar a linguagem formal para linguisticamente as expressar. Incluem, pelo menos, indicar, rotular, pedir e confundir. Olhando as coisas com naturalidade, afigurar-se-ia que a criança está parcialmente motivada para dominar a linguagem a fim de melhor realizar estas funções *in vivo*. Na verdade, existem certas habilidades comunicativas generalizadas cruciais para a linguagem, que também parecem estar já implantadas antes do início da linguagem e que são mais tarde incorporadas na fala da criança mal ela comece: chamar a atenção para um referente putativo, trocas mútuas, mencionar o mais proeminente.

A terceira conclusão é, na verdade, um denso resumo das duas primeiras: a aquisição de uma primeira língua é muito sensível ao

---

([6]) Um conjunto de volumes estimulados por *How to Do Things with Words* da autoria de Austin incluiria Jerome S. Bruner, *Child's Talk: Learning to Use Language* (Nova Iorque: W. W. Norton, 1983); Herbert H. Clark e Eve V. Clark, *Psychology and Language: An Introduction to Psycholinguistics* (Nova Iorque: Harcourt Brace Jovanovich, 1977); M. A. K. Halliday, *Learning How to Mean* (Londres: Arnold, 1975); e P. M. Greenfield e J. Smith, *The Structure of Communication in Early Language Development* (Nova Iorque: Academic Press, 1976).

contexto, pelo que se entende que progride muito melhor quando a criança já compreende, de uma maneira *pré-linguística,* o significado daquilo de que se está a falar ou da situação em que a conversa ocorre. Com uma apreciação do contexto, a criança parece mais capaz de compreender não apenas o léxico, mas os aspectos apropriados da gramática de uma língua.

Isto reconduz-nos directamente à nossa questão inicial: como é que a criança "apreende o significado" de situações (ou contextos) de uma forma que a possa ajudar a dominar o *léxico e a gramática* que se ajusta a tais situações? Que tipo de interpretante à Peirce pode estar a actuar que permita semelhante apreensão? Permitam-me que, por um momento, adie a resposta a esta questão para, primeiro, elucidar o que tento explicar.

Á luz das duas últimas décadas de pesquisa (e particularmente no tocante às três generalizações a que esta pesquisa nos conduz), proporei uma abordagem muito diferente da de Chomsky, ao lidar com a propensão humana para a linguagem. Sem pretender minimizar a importância da forma sintáctica na linguagem, concentrar-me-ei quase exclusivamente na *função* e no que já denominei a apreensão do contexto. A subtileza e a complexidade das regras sintácticas leva-me a acreditar que tais regras só podem ser aprendidas *instrumentalmente,* como instrumentos para desempenhar algumas funções e objectivos prioritariamente operativos. Em parte alguma no mais elevado reino animal se aprendem "automaticamente" ou de modo mecânico actos altamente especializados e recombináveis, mesmo quando são alimentados por predisposições biológicas fortemente desenvolvidas – não assim o comportamento sexual e a alimentação livre, não assim o comportamento agressivo e agonístico, nem sequer o espaçamento [7]. Para o seu pleno desenvolvimento, todos dependem da respectiva prática e sua configuração pelo uso.

---

[7] Ver, por exemplo, Robert A. Hindle, *Individuals, Relationships and Culture: Links between Ethology and the Social Sciences Psychology* (Cambridge: Cambridge University Press, 1987), e Frank A. Beach, ed., *Human Sexuality in Four Perspectives* (Baltimore: Johns Hopkins University Press, 1977).

Não é, pois, de admirar que, para mim, o modo como "entramos na linguagem" se deva basear num conjunto selectivo de "disposições para o significado" pré-linguísticas. Ou seja, há classes de significado para as quais os seres humanos estão inatamente sintonizados e em vista dos quais realizam uma busca activa. Anteriormente à linguagem, existem em forma primitiva como representações protolinguísticas do mundo, cuja plena realização depende do utensílio cultural da linguagem. Deixem-me esclarecer que isto de nenhum modo nega a afirmação de que talvez possa existir o que Derek Bickerton, seguindo Chomsky, chama "bioprograma", que nos alerta para algumas estruturas sintácticas [8]. Se tal bioprograma existir, o seu desencadeamento depende não só da presença de exemplares apropriados no meio linguístico da criança, mas também da sua "sensibilidade ao contexto", que pode apenas derivar dos tipos de propensões para o significado culturalmente relevantes, por mim propostas. Só *depois* de se adquirir alguma linguagem no sentido formal é que se pode adquirir *mais* linguagem como "espectador". O seu domínio inicial só pode advir da participação na linguagem como instrumento de comunicação.

Que é, então, esta disposição pré-linguística para classes selectivas de significado? Caracterizámo-la como uma forma de representação mental. Mas uma representação *de quê?* Penso que é uma representação altamente maleável, embora inata, que é desencadeada através dos actos e expressões dos outros e por meio de alguns contextos sociais básicos em que os seres humanos interagem. Em suma, estamos inicialmente equipados, se não com uma "teoria" da mente, então, decerto, com um conjunto de pré-disposições para construir o mundo social de uma determinada maneira e agir segundo as nossas construções. Equivale isto a dizer que vimos ao mundo já equipados com uma forma primitiva de psicologia comum. Regressaremos brevemente à natureza das pré-disposições que a constituem.

---

[8] J. S. Bruner e Carol F. Feldman, "Where Does Language Come From?" (recensão de Derek Bickerton, *The Roots of Language*), New York Review of Books, n.º 29 (24 de Julho de 1982): 34-36.

Não sou o primeiro a sugerir que semelhante forma de "disposição para o significado" social é um produto do nosso passado evolucionário. De facto, Nicholas Humphrey sugeriu que a disposição do homem para a cultura dependerá de alguma "consonância" diferencial com os outros. E Roger Lewin, ao rever a literatura sobre os primatas das últimas décadas, conclui que é provavelmente a sensibilidade para os requisitos da vida em grupos que fornece o critério para a selecção evolucionária nos grandes primatas [9]. Os estudos das coligações sociais móveis e oportunistas dos primatas e o uso do "engano" e da "desinformação" na manutenção e no aumento destas coligações atestam as origens pré-humanas dos tipos de representações etnopsicológicas que estou a propor [10].

Ilustrarei, primeiro, o que pretendo dizer com a asserção de que uma compreensão protolinguística da psicologia comum se encontra implantada como uma característica da *praxis,* antes de a criança ser capaz de expressar ou compreender as mesmos assuntos pela linguagem. A compreensão prática expressa-se, antes de mais, na regulação da interacção social da criança. Fui buscar o meu material ilustrativo sobretudo à demonstração experimental convincente, recentemente referida por Michael Chandler e seus colegas.

"Defender uma «teoria da mente»", observam eles, "é subscrever um tipo especial de estrutura explanatória, comum à etnopsicologia da maioria dos adultos normais, segundo a qual algumas classes de comportamento se entendem como predicadas das crenças e desejos particulares, subscritos por aqueles

---

[9] Nicholas Humphrey, *The Inner Eye* (Boston: Faber and Faber, 1986). Roger Lewin, *In the Age of Mankind* (Washington: Smithsonian Books, 1988).

[10] A. Whiten e R. W. Byrne, "Tactical Deception in Primates," *Behavioral and Brain Sciences* 11 (1988):233-273. R. W. Mitchell, "A Framework for Discussing Deception," em R. W. Mitchell e N. S. Thompson, *Deception: Perspectives on Human and Non-human Deceit* (Albany: State University of New York Press, 1986).

cujas acções estão em questão" ([11]). Tem-se assistido a um acérrimo debate, florescente na literatura sobre "o desenvolvimento das teorias da mente" relativo à questão de se saber se as crianças *dispõem* de tais teorias antes dos quatro anos ([12]). E como frequentemente acontece nos estudos do desenvolvimento nas crianças, grande parte do debate centrou-se em "como medir isso". Se usar um procedimento que exige de uma criança a "explicação" de que alguém *fez* alguma coisa porque *acreditou falsamente* que assim acontecia, e em especial se a criança não é envolvida na acção em questão, então as crianças falham na tarefa até terem quatro anos de idade. Antes dessa idade, parecem incapazes de atribuir acções apropriadas, baseadas nas falsas crenças de outros ([13]).

Mas as novas provas fornecidas por Chandler e pelos seus colegas demonstram que, se as crianças entrarem numa situação em que devem evitar que outra pessoa descubra algo que elas esconderam, então até as de dois/três anos sonegarão informação relevante à pessoa que procura e, inclusive, criam e fornecem-lhe depois *falsa* informação, como enganadoras pegadas que afastam do tesouro escondido. A tarefa do esconde-procura, salientam os autores, "empenha claramente o auto-interesse do sujeito e... atiça-o contra o de outra pessoa *real"* e "faculta-lhe mais um acesso directo aos *dados* em acção do que um *relato* acerca... das falsas crenças dos outros" ([14]). Ninguém duvida de que as crianças com quatro ou seis anos de idade têm teorias da mente amadurecidas que podem rodear o que os outros, que não es-

---

([11]) M. Chandler, A. S. Fritz, e S. Haia, "Small-Scale Deceit: Deception as a Marker of Two-, Three-, and Four-year-old's Theories of Mind," *Child Development* 60 (1989): 1263.

([12]) Ver, por exemplo, J. W. Astington, L. Harris and D. R. Olson, eds., *Developing Theories of Mind* (Nova Iorque: Cambridge University Press, 1988).

([13]) Esta descoberta foi, originalmente, relatada por H. Wimmer e J. Perner, "Beliefs about Beliefs: Representation and Constraining Function of Wrong Beliefs in Young Children's Understanding of Deception", *Cognition* 13 (1983): 103-128. Foi repetida muitas vezes. Ver Astington, Harris and Olson, eds., *Developing Theories of Mind*.

([14]) Chandler, Fritz e Haia, "Small-Scale Deceit," 1275.

tão envolvidos com elas, pensam ou desejam. O que interessa é que mesmo antes de a linguagem emergir como instrumento da interacção, não se pode interagir *humanamente* com os outros sem alguma "teoria da mente" protolinguística. Esta é inerente ao comportamento social humano e expressar-se-á de uma forma apropriada, inclusive num baixo nível de maturidade – como quando, por exemplo, a criança de nove meses busca ao longo da trajectória um "ponto" de um adulto e, nada encontrando, volta a examinar não apenas a direcção desse ponto, mas também a linha visual. E deste antecedente da psicologia comum emergem, por fim, realizações linguísticas como os demonstrativos, a denominação e quejandos ([15]). Logo que a criança domina, através da interacção, as formas pré-linguísticas apropriadas para gerir a referência ostensiva, consegue mover-se para lá delas e operar, por assim dizer, entre os confins da própria língua.

*

Não quer isto dizer que as formas linguísticas "dimanem" das práticas pré-linguísticas. Em princípio, é impossível, creio eu, estabelecer qualquer continuidade *formal* entre uma forma linguística "pré-verbal" antecedente e outra posterior, funcionalmente "equivalente". Por exemplo, em que sentido a forma sintáctica invertida, no inglês, para expressar um pedido (como em "Can I have the apple"?) "continua" o amplo gesto manual de petição que o antecede? O mais que podemos dizer neste caso é que os dois, o gesto e a estrutura sintáctica invertida, realizam a mesma função de "pedir". A inversão arbitrária do pronome e verbo não é "solicitadora" por si própria – nem icónica nem in-

---

[15] M. Scaife e J. S. Bruner, "The Capacity for Joint Visual Attention in the Infant," *Nature* 253 (1975): 265-266. George Butterworth e M. Castillo, "Coordination of Auditory and Visual Space in Newborn Human Infants", *Perception* 5 (1976): 155-160. A. Ninio e J. S. Bruner, "The Achievement and Antecedents of Labelling", *Jounal of Child Language* 5 (1978): 1-15.

dicativamente. As regras sintácticas têm uma relação *arbitrária* com as funções que realizam. E há muitas regras sintácticas para realizar a mesma função em diferentes línguas. Mas isto não é tudo. Na verdade, é só uma parte. Mesmo admitindo que as regras gramaticais são arbitrárias no tocante à realização de funções particulares, pode não tratar-se de *a ordem de aquisição* das formas gramaticais reflectir uma prioridade, por assim dizer, nas necessidades comunicativas – uma prioridade que reflecte um pedido de comunicação de *elevado* nível. A analogia é o domínio da fonologia de uma língua. Os fonemas não são dominados por eles próprios, mas porque constituem os blocos construtores dos lexemas da língua: são dominados no processo de aquisição dos elementos lexémicos. Gostaria de apresentar o argumento análogo de que as formas e as distinções gramaticais não são dominadas nem por si mesmas nem só em vista de uma "mais eficiente comunicação". As frases como entidades gramaticais, embora sejam o feitiço do gramático formal, não são as unidades "naturais da comunicação". As formas naturais são *unidades de discurso* que realizam uma função "pragmática" ou "matética" de discurso, para utilizar os termos de Halliday ([16]). As funções pragmáticas implicam, tipicamente, levar os outros a agir em nosso proveito; as matéticas têm a ver com, por assim dizer, "tornar claro os pensamentos de cada um sobre o mundo", para usar a velha expressão de John Dewey. Ambas *usam* frases, mas nenhuma está confinada aos limites de uma frase. Contudo, as funções de discurso requerem que certas formas gramaticais (embora arbitrárias) sejam acessíveis para a sua realização, do mesmo modo que as "palavras" do léxico dependem, no seu uso, de algumas distinções fonológicas arbitrárias.

    Tenho sentido grande dificuldade em argumentar (e continuarei a fazê-lo mais à frente neste capítulo) que uma das formas de discurso mais ubíquas e poderosas da comunicação humana é a *narrativa*. A estrutura narrativa habita mesmo a práxis da

---

([16]) Halliday, *Learning How to Mean*.

interacção social antes de obter a expressão linguística. Quero agora fazer a afirmação mais radical de que um "empurrão" para construir a narrativa é que determina a ordem da prioridade em que as formas gramaticais são dominadas pela criancinha ([17]).

A narrativa, como se referiu no capítulo anterior, requer quatro constituintes gramaticais cruciais, se tiver efectivamente de se realizar. Exige, primeiro, um meio para realçar a acção humana ou "agentividade" – acção dirigida para objectivos controlados por agentes. Requer, em segundo lugar, que se estabeleça e mantenha uma ordem sequencial – que os eventos e os estados sejam "linearizados" de um forma estandardizada. Em terceiro lugar, exige também uma sensibilidade ao que é canónico e ao que viola a canonicidade na interacção humana. Finalmente, a narrativa requer algo que se aproxime da perspectiva do narrador: não pode, no jargão da narratologia, ser "desprovida de voz".

([17]) Tenho consciência de que a reivindicação mais usual é que as formas gramaticais são dominadas segundo a sua simplicidade "sintáxica" ou computacional – quanto mais banal a profundidade derivacional ou mais simples a computação tanto mais fácil é aprender. Para uma opinião ver Kenneth Wexler e Peter W. Culicover, *Formal Principies of Language Acquisition* (Cambridge, Mass.: MIT Press, 1980); para outra, Steven Pinker, *Language Learnability and Language Development* (Cambridge: Cambridge University Press, 1984). Tal ideia pode ser formalmente atraente, mas todos os exemplos até agora propostos ostentam a mesma deficiência fatal. Não há maneira alguma de estabelecer a "simplicidade" ou a "computabilidade" independentemente da própria teoria da gramática ou da computação. O teste da "teoria" é, pois, autodeterminado pela teoria que se está a testar. O esforço geral faz lembrar o esforço primeiro para estabelecer a maior "simplicidade" de frases "não transformadas" enquanto comparadas às "transformadas" mediante transformações negativas, passivas ou interrogativas – a mais simples requer menos tempo de processamento mental do que a mais complexa. As previsões estavam não só erradas, mas também eram incorrigíveis. Não conseguiram, por exemplo, ter em conta o contexto na sua visão do "processamento da frase" e nem podiam começar a explicar porque é que frases negativamente transformadas, incluídas num "contexto de negação plausível" eram muito mais fáceis de compreender do que as indicativas habituais e não transformadas, com o mesmo número de elementos. Ver P. C. Wason, "The Contexts of Plausible Denial", *Journal of Verbal Learning and Verbal Behavior* 4 (1965): 7-11. Ver também a discussão sobre "simplicidade" de Nelson Goodman no seu *The Structure of Appearance* (Cambridge, Mass.: Harvard University Press, 1951).

Se um impulso para a narrativa actua ao nível do discurso, então a ordem da aquisição das formas gramaticais deve reflectir estes quatro requisitos. Como é que tal se passa? Felizmente para a nossa procura, muito do trabalho em torno da original aquisição da linguagem é descrito nas categorias de relações semânticas da gramática que veiculam o significado. Tal permite-nos avaliar os tipos de categorias de significado a que a criança mais nova é inicialmente mais sensível. Logo que as criancinhas começam a apreender a ideia básica de referência necessária para qualquer uso da língua – ou seja, logo que elas conseguem nomear, notar a recorrência e registar a terminação da existência –, o seu principal interesse linguístico centra-se na *acção humana e nos seus resultados,* sobretudo na *interacção humana.* Agente-e-acção, acção-e-objecto, agente-e-objecto, acção-e-localização e possuidor-e-possessão formam a maior parte das relações semânticas que aparecem no primeiro estádio do discurso ([18]). Estas formas não só aparecem em actos referenciais, mas também em pedidos, na efectuação de trocas na posse, na dádiva e nos comentários sobre a interacção de outros. Além disso, a criança é profunda e prematuramente sensível aos "objectivos" e à sua realização – e a variantes de expressões como "pronto" para indicar que algo se terminou e "oh!" para o que está incompleto. As pessoas e as suas acções dominam o interesse e a atenção da criança. Eis o primeiro requisito da narrativa ([19]).

([18]) Roger Brown, *A First Language: The Early Stages* (Cambridge, Mass.: Harvard University Press, 1973).

([19]) Pelo menos um distinto linguista, Charles Fillmore, chegou mesmo a especular que a gramática de casos, em cujos termos se organiza a língua – as classes familiares de agente, acção, paciente, objecto, direcção, lugar, e quejandos – é uma tradução linguística abstracta de alguma prévia apreensão conceptual dos "argumentos da acção", que servem para organizar a nossa experiência sobre a actividade humana. Ver Charles Fillmore, "The Case for Case", em E. Bach and R. T. Harms, eds., *Universals in Linguistic Theory* (Nova Iorque: Holt, Rinehart, and Winston, 1968), 1-88 e Fillmore, "The Case for Case Reopened", em P. Cole and J. M. Sadock, eds., *Syntax and Semantics: Grammatical Relations,* vol. 8 (Nova Iorque e Londres: Academic Press, 1977), 59-81.

Um segundo é a disposição prematura para assinalar o invulgar e deixar de atender ao habitual – para concentrar a atenção e o processamento da informação no não convencional. As crianças são, na verdade, tão facilmente cativadas pelo inabitual que aqueles que com elas fazem pesquisa acabam por contar com isso. O seu poder torna possível o "ensaio de hábitos". As crianças impertigam-se, confiantes, na presença do invulgar: olham mais fixamente, param de chuchar, mostram desaceleração cardíaca, e daí por diante ([20]). Não surpreende, pois, que quando começam a adquirir a linguagem estejam muito mais dispostas a dedicar os seus esforços linguísticos ao que é estranho no seu mundo. Não só se animam ante o inabitual como também gesticulam, vocalizam e, finalmente, falam sobre o que é estranho. Tal como Roman Jakobson nos disse há muitos anos, o acto concreto da fala é um acto de distinguir o invulgar do usual. Patricia Greenfield e Joshua Smith foram dos primeiros a demonstrar empiricamente este importante ponto ([21]).

O terceiro requisito – a "linearização" e a preservação estandardizada da sequência – está inserido na estrutura de todas as gramáticas conhecidas ([22]). Deve, inclusive aqui, observar-se que uma grande parte das conhecidas gramáticas naturais do mundo, para salvaguardar fenomenologicamente a sequência, tornam mais fácil a tarefa de linearização, mediante o emprego da ordem

---

([20]) Ver, por exemplo, J. S. Bruner, "Pacifier-Produced Visual Buffering in Human Infants", *Developmental Psychobiology* 6 (1973): p. 45-51. William Kessen, P. Salapatek e M. Haith, "Visual Response of Human New-born to Linear Contour", *Journal of Experimental Child Psychology* 13 (1972): 9-20.1. Kalnins e J. S. Bruner, "The Coordination of Visual Observation and Instrumental Behavior in Early Infancy", *Perception* 2 (1973): 307-314. Kathleen M. Berg, W. Keith Berg e Frances K. Graham, "Infant Heart Rate Response as a Function of Stimulus and State", *Psychophysiology 8* (1971): 30-44.

([21]) "Markedness", em *Selected Writings of Roman Jakobson*, vol. 8, cap. 2, 4.ª parte (Berlim, Nova Iorque, Amesterdão: Mouton / De Gruyter, 1988). Greenfield e Smith, *The Structure of Communication in Early Language Development*.

([22]) Willem J. M. Levelt, *Speaking: From Intention to Articulation* (Cambridge, Mass.: MIT Press, 1989). Joseph H. Greenberg, ed., *Universals of Human Language* (Stanford, Calif.: Stanford University Press, 1978). Brown, A *First Language*.

SVO (sujeito-verbo-objecto) para as frases no indicativo. Além disso, as formas SVO numa língua são as primeiras a ser dominadas, na maioria dos casos. As crianças começam cedo a dominar as formas gramaticais e lexicais para "ligar" as sequências que narram – mediante o uso de temporais como "então" e "depois" e, eventualmente, através do uso de causais, assunto que, mais uma vez, iremos agora defrontar.

Quanto à quarta propriedade da narrativa, a voz ou "perspectiva" (da qual também encontraremos interessantes exemplos mais tarde), suspeito que é causada principalmente pelo choro e por outras expressões afectivas, e também pelo nível tónico e pelas características prosódicas similares na primeira fala, mais do que por outros meios lexicais ou gramaticais. Mas já cedo se lida com eles, como Daniel Stern demonstra abundantemente no seu trabalho sobre "a primeira relação" ([23]).

Estas quatro características gramaticais/lexicais/prosódicas, entre as primeiras a aparecer, fornecem à criança uma panóplia abundante e temporã de ferramentas narrativas. O meu argumento, decerto radical, reza assim: o impulso humano para organizar a experiência narrativamente é que assegura a alta prioridade destas características no programa da aquisição da linguagem. Vale a pena, sem dúvida, observar, não obstante ser quase uma auto-evidência, que as crianças, como resultado, produzem e compreendem as histórias, são confortadas e alarmadas por elas, muito antes de serem capazes de lidar com as mais fundamentais proposições lógicas piagetianas que podem revestir uma forma linguística. De facto, até sabemos, através dos estudos pioneiros de A. R. Luria e de Margaret Donaldson, que as proposições lógicas

---

([23]) Daniel N. Stern, *The First Relationship: Infant and Mother* (Cambridge, Mass.: Harvard University Press, 1977). Ver também Olga K. Garnica, "Some Prosodic and Paralinguistic Features of Speech to Young Children", em Catherine E. Snow e Charles A. Ferguson, eds., *Talking to Children: Language Input and Acquisition* (Cambridge e Nova Iorque: Cambridge University Press, 1977), 63-88, e Ann Fernald, "A Cross-Language Study of Prosodic Modifications in Mothers and Fathers Speech to Preverbal Infants", *Journal of Child Language*.

são de mais fácil compreensão para a criança, quando inseridas numa história com progressão. O grande morfologista do folclore russo, Vladimir Propp, foi um dos primeiros a salientar que as "partes" de uma história são *funções* da história, mais do que "temas" ou "elementos" autónomos. Daí a tentação de perguntar, com base nos trabalhos de Luria e de Donaldson, se as narrativas não poderão também servir como interpretantes temporões das proposições "lógicas", antes de a criança ter o equipamento mental para com elas lidar, mediante cálculos lógicos que, mais tarde, como adultos podem elaborar ([24]).

Mas embora eu sustente que uma disposição "protolinguística" para a organização narrativa e para o discurso institui a prioridade para a ordem da aquisição gramatical, *não* estou a dizer que as formas narrativas da cultura, cedo reivindicadas pela criança, não têm nenhum efeito fortalecedor no seu discurso narrativo. O meu argumento, e espero conseguir demonstrá-lo muitas vezes no resto deste capítulo, é que, embora tenhamos uma predisposição "inata" e primitiva para a organização narrativa que nos permite compreendê-la e usá-la com rapidez e facilidade, a cultura bem cedo nos equipa com novos poderes de narração, graças à panóplia de instrumentos e às tradições de contar e interpretar que cedo começamos a partilhar.

*

No que se segue, pretendo abordar vários aspectos diferentes da socialização das práticas ulteriores da narrativa da criança. Fornecerei com antecedência algumas notas programáticas. Quero, primeiro, sobretudo como uma prova de existência, demonstrar o poder dos eventos não canónicos para desencadear a narrativização, mesmo em crianças muito novas. Depois, quero

---

([24]) A. R. Luria, *The Role of Speech in the Regulation of Normal and Abnormal Behavior* (Nova Iorque: Liveright, 1961). Margaret Donaldson, *Children's Minds* (Nova Iorque: Norton, 1978). V. Propp, *The Morphology of the Folktale* (Austin: University of Texas Press, 1968).

mostrar, com toda a brevidade, quão densas e ubíquas são as narrativas "modelo", no ambiente imediato da criança. Feito isto, quero, em seguida, examinar dois exemplos chamativos da socialização da narrativa na criancinha – mostrar narrativamente *in vivo* o que Chandler e os seus colegas demonstraram *in vitro* no seu estudo experimental ([25]). As crianças começam a reconhecer bastante cedo – assim o revelam tais exemplos – que o que elas fizeram ou planeiam fazer será interpretado não apenas através do acto em si, mas também pelo que elas dizem a tal respeito. *Logos e praxis* são culturalmente inseparáveis. O enquadramento cultural das nossas *próprias* acções força-nos a ser narradores. O objectivo do exercício que se segue não é apenas examinar o envolvimento da criança na narrativa, mas mostrar quão importante é este envolvimento para a vida na cultura.

O estudo demonstrativo é uma pequena experiência, muito simples e elegante, com crianças dos jardins-escolas realizada por Joan Lucariello ([26]). O seu único fim era descobrir que tipo de coisas fazia disparar a actividade narrativa nas crianças entre os quatro e os cinco anos de idade. Lucariello contou às crianças uma história com duas versões, a primeira sobre uma típica festa de anos de crianças com presentes e velas para soprar, e a segunda sobre uma visita de um primo da mesma idade da criança e sobre as suas brincadeiras juntos. Algumas das histórias de aniversários violavam a canonicidade – a aniversariante estava infeliz ou deitava água nas velas em vez de as soprar, e assim por diante. As violações visavam introduzir desiquilíbrios na pêntade de Burke, discutida no capítulo anterior: entre um Agente e uma Acção ou entre um Agente e uma Cena. Havia também variantes comparáveis no conto do primo pequeno, mas, em virtude de não existir uma sua versão canónica, as variantes careciam de uma genuína característica de "violação", embora surgissem um tanto estranhas. Após a história, o investigador fez às crianças algumas

---

([25]) Chandler, Fritz e Haia, "Small-Scale Deceit".
([26]) Comunicação pessoal.

perguntas sobre o que se passou na história que tinham ouvido. A primeira descoberta foi que as histórias anticanónicas produziram uma enchente de invenção narrativa, em comparação com a canónica — dez vezes mais elaborações. Uma das crianças explicou a infelicidade da aniversariante dizendo que ela provavelmente se tinha esquecido do dia e não tinha o vestido certo para vestir; outra referiu uma discussão com a mãe, e assim por diante. Questionadas directamente sobre a razão do *contentamento* da menina na versão canónica, elas mostraram-se surpreendidas. Todas podiam pensar em dizer que era por ser o seu aniversário; em certos casos, limitaram-se a encolher os ombros, como se embaraçadas com a inocência fingida dos adultos. Mesmo as versões um tanto estranhas da história não canónica dos "primos brincalhões" evocaram quatro vezes mais elaborações narrativas do que a versão estandardizada mais banal. As elaborações tomaram, tipicamente, a forma discutida no capítulo anterior: invocaram um estado intencional (como a confusão da aniversariante a propósito da data) em justaposição com um dado cultural (o requisito de ter um bom vestido para a festa). As narrativas acertaram no alvo: dar sentido a uma aberração cultural mediante o apelo a um estado subjectivo no protagonista.

Não falei destas descobertas para causar surpresa. Interessa-me o seu carácter óbvio. As crianças de quatro anos podem não saber muito sobre cultura, mas sabem o que é canónico, e estão ansiosas por fornecer um relato para explicar o que não é. Nem surpreende que saibam tanto como sabem, conforme demonstra um estudo de Peggy Miller ([27]).

([27]) Peggy J. Miller, *Amy, Wendy, and Beth: Learning Language in South Baltimore* (Austin: University of Texas Press, 1982). Peggy J. Miller e Linda L. Sperry, "The Socialization of Anger and Aggression", *Merrill-Palmer Quarterly* 33 (1987): 1-31. Peggy J. Miller e Linda L. Sperry, "Early Talk about the Past: The Origins of Conversational Stories of Personal Experiente", *Journal of Child Language* 15 (1988): 293-315. Peggy J. Miller, "Personal Stories as Resources for the Culture-Acquiring Child", ensaio apresentado na Society for Cultural Anthropology, Phoenix, Arizona, 18 de Novembro de 1988.

Este estudo refere-se aos ambientes narrativos das crianças no meio operário de Baltimore. Miller gravou conversas em casa entre mães e filhos em idade pré-escolar, bem como entre as mães e outros adultos dentro do âmbito auditivo da criança. Neste ambiente íntimo, o fluxo de histórias que recriam experiências quotidianas é, para parafrasear Miller, "inexorável". Em média, em cada hora de conversação gravada há 8,5 narrativas, uma em cada sete minutos, das quais três quartos são contadas pela mãe. São narrativas simples de um género característico no uso quotidiano da conversação americana. Trata-se de uma forma que, habitualmente, se encontra no discurso da criança com cerca de três anos. Encerra uma orientação simples, uma descrição linear com um evento precipitado, uma resolução e, por vezes, uma *coda* [28]. Uma vez relatadas, podem ser compreendidas. Um quarto delas incide nas próprias acções das crianças.

Um número muito considerável lida com a violência, a agressão ou as ameaças, e um número não inconsiderável refere-se explicitamente à morte, ao abuso sexual das crianças, aos maus tratos das esposas, inclusive com tiroteio. Esta falta de censura, este desfile de "cruéis realidades", faz parte da classe baixa da cultura negra que pretende deliberadamente endurecer as crianças e prepará-las cedo para a vida. Shirley Brice Heath relatou este mesmo fenómeno em estudos sobre crianças negras em pequenas cidades rurais [29].

Além disso, as histórias retratam quase sempre o narrador de um modo favorável. Os triunfos do narrador tomam, muitas

---

[28] Ver Peggy J. Miller e Barbara Byhouwer Moore, "Narrative Conjunction of Care-Giver and Child: A Comparative Perspective on Socialization through Stories", *Ethos* 17, n.º 4 (1989), 428-449. A forma narrativa em questão foi anteriormente descrita por W. Labov e J. Waletzky, "Narrative Analysis: Oral Versions of Personal Experience", em J. Helm, ed. *Essays in the Verbal and Visual Arts* (Seattle. University of Washington Press, 1967), 12-44.

[29] Shirley Brice Heath, *Ways with Words: Language, Life, and Work in Communities and Classrooms* (Cambridge e Nova Iorque: Cambridge University Press, 1983).*puters and Cognition: A New Foundation for Design* (Reading. Mass.; Addison-Wesley, 1987).

vezes, a forma de tirar o melhor das pessoas em diálogo, e isto é exemplificado pelo uso do discurso indirecto, o qual não só é apropriado dramática, mas retoricamente para uma apresentação directa e forte de si mesmo, como neste fragmento: "Diz ela então, "Olha para aquela C-A-B-R-A bisbilhoteira." Voltei-me e disse, "Estás a falar comigo?" perguntei, "ESTÁS A FALAR COMIGO?" repeti, "Bem, sua pateta gorda, ponho-te numa panela e reduzo-te ao teu tamanho normal, se te meteres comigo" ([30])". A colectânea contém alguns exemplos de "relatos sobre si próprio". A ênfase recai nos perigos da Agentividade num mundo duro e no modo como se lida nesse mundo com actos e palavras. E nos momentos em que Miller foi assaz sortudo para gravar as crianças a repetir as histórias anteriormente gravadas na versão dos adultos, elas exageraram tanto o drama como as características paralinguísticas dramatizadoras dos originais.

Não pretendo escolher as crianças do meio operário de Baltimore como inseridas num ambiente especialmente narrativo. Todos os ambientes narrativos são especializados por necessidades culturais, todos estilizam o narrador como uma forma do Si mesmo, todos definem tipos de relações entre o narrador e o interlocutor. Eu podia ter usado a descrição que Shirley Brice Heath faz das narrativas literais e limpas da pequena cidade branca de Roadville ([31]). Qualquer amostra de tais ambientes narrativos, vista de perto, dirá mais ou menos o mesmo sobre a ubiquidade das narrativas no mundo das crianças (e também no mundo dos adultos) e a sua importância funcional em introduzir as crianças na cultura.

*

Podemos agora voltar-nos para os usos que as crianças fazem das suas narrativas, e não há melhor para começar do que com o livro *The Beginnings of Social Understanding* da autoria de Judy

---

([30]) Miller e Moore, "Narrative Conjunctions of Care-Givers and Child," 436.
([31]) Heath, *Ways with Words*.

Dunn. "As crianças", diz ela, "raramente foram estudadas no mundo em que estes desenvolvimentos acontecem, ou num contexto em que podemos ser sensíveis às subtilezas da sua compreensão social ([32])". Não se trata aqui da simples alegação de uma naturalista em prol da "radicação ecológica" na pesquisa psicológica. Ela pretende antes realçar que a compreensão social, por mais abstracta que se possa tornar, começa sempre como *praxis* em contextos particulares nos quais a criança é uma *protagonista* – um agente, uma vítima, um cúmplice. A criança aprende a representar um papel no "drama" quotidiano da família, *antes* de existir qualquer pedido de conto, de justificação ou de desculpa. O que é permitido ou não, o que produz ou não resultados – aprende-se, primeiro, na acção. A transformação de semelhante conhecimento activo em linguagem só vem depois, e como já sabemos a partir da discussão anterior, a criança é linguísticamente sensível a esses "alvos referenciais", recheados de acção. Mas há algo mais que caracteriza os actos de fala das crianças, quando mencionam as interacções em que estão envolvidas, algo – e deveras importante – para o qual Dunn chama a nossa atenção.

As crianças mais novas ouvem frequentemente, dos seus irmãos mais velhos ou dos pais, relatos das suas próprias interacções, relatos constituídos nos termos da familiar pêntade de Burke: a Acção de um Agente em vista de um Objectivo com a ajuda de alguma Instrumentalidade e numa determinada Cena embaraçosa ([33]). Mas o relato é feito de uma forma que vai contra a sua própria interpretação e interesse. Muitas vezes, deriva do ponto de vista do objectivo de outro protagonista, que tanto pode estar em conflicto com a própria versão da criança sobre o "que aconteceu" como em desacordo com a sua versão do "Contratempo". Os relatos narrativos, nestas circunstâncias, deixam de

---

[32] Judy Dunn, *The Beginning of Social Understanding* (Cambridge, Mass.: Harvard University Press, 1988), 5.
[33] Kenneth Burke, *A Grammar of Motives* (Nova Iorque: Prentice-Hall, 1945).

ser neutros. Têm objectivos retóricos ou intenções ilocucionárias, que não são apenas expositivas mas também sectárias, designadas para um uso se não adverso, pelo menos convincentemente a favor de uma interpretação particular. Nestes temporões conflitos familiares, a narrativa toma-se um instrumento para contar não só o que aconteceu, mas também porque se justifica a acção contada. Tal como acontece na narrativa em geral, "o que aconteceu" é talhado de forma a satisfazer as condições do "e então".

Dunn vislumbra aqui um reflexo, por assim dizer, da "política da família", uma política não do grandioso drama freudiano, mas da necessidade diária. A criança, no ambiente natural, tem os seus próprios desejos; mas, em virtude de contar com o afecto da família, tais desejos criam por vezes conflitos quando colidem com os desejos dos pais e dos irmãos. A tarefa da criança quando o conflito aumenta é equilibrar os seus próprios desejos e o seu compromisso com os outros, na família. E ela bem depressa aprende que a acção não basta para atingir tal fim. Contar a história certa, apresentar as suas acções e objectivos sob uma luz justificadora é muito importante. Alcançar o que se pretende significa, muitíssimas vezes, arranjar a história certa. Como John Austin há muito nos disse, no seu famoso ensaio "A Plea for Excuses", uma justificação apoia-se numa história de circunstâncias atenuantes [34]. Mas arranjar a história certa, opor com êxito a própria contra a do irmão mais novo, requer o conhecimento do que constitui a versão canonicamente aceitável. Uma história "certa" é a que liga a versão própria, através da mitigação, à versão canónica.

Assim, tal como as crianças de Baltimore, estas crianças entendem igualmente a narrativa "quotidiana" não só como uma nova forma de relato, mas também como uma forma de retórica. Por volta dos três e quatro anos, vemo-las a aprender como usar as suas narrativas para seduzir, enganar, persuadir, justificar,

---

[34] John L. Austin, "A Plea for Excuses", em Austin, *Philosophical Papers*, 2.ª ed. (Oxford: Clarendon Press, 1970), 175-204.

alcançar o que puderem sem provocar um confronto com aqueles que amam. E estão também em vias de se tornarem conhecedoras dos tipos de histórias que fazem isso mesmo. Para expressar as coisas em termos da teoria dos actos de fala, conhecer a estrutura geradora da narrativa permite-lhes construir locuções em vista da congruência com os requisitos de uma vasta gama de intenções ilocucionárias. Este mesmo conjunto de habilidades equipa igualmente as crianças com uma empatia mais perspicaz. São, muitas vezes, capazes de interpretar para os seus pais os significados e as intenções dos irmãos mais novos, que tentam fazer algo por si mesmos – sobretudo quando não há nenhum conflito de interesses.

Em resumo, uma apreensão do "drama familiar" quotidiano surge, primeiro, sob a forma de *praxis*. A criança, como já sabemos, cedo domina as formas linguísticas para referir acções e as suas consequências no momento em que estas ocorrem. Depois, depressa aprende que aquilo que alguém faz é drasticamente afectado pelo modo como ele relata o que está a fazer, fará ou fez. A narrativa torna-se não só um acto expositivo, mas também um acto retórico. Narrar de forma a expôr o seu caso convincentemente requer não só a linguagem, mas um domínio das formas canónicas, pois alguém tem de fazer que as suas acções pareçam uma extensão do canónico, transformado por circunstâncias atenuantes. No processo de aquisição destas habilidades, a criança aprende a usar algumas das ferramentas menos atractivas da negociação retórica – dissimulação, adulação, etc.. Mas também aprende muitas das úteis formas de interpretação e, consequentemente, desenvolve uma empatia mais penetrante. E assim, entra na cultura humana.

*

Recuemos agora no tempo do desenvolvimento – até Emily, cujos solilóquios, gravados entre o seu décimo oitavo mês de vida e os três anos, se tornaram o tema do livro *Narratives from the Crib* ([35]). Durante todos os seus tenros anos, esteve no centro da vida. Depois, um irmão nasceu, Stephen, que a deslocou não só do seu papel principal na família, mas também do seu próprio quarto e do berço. Se, como Vladimir Propp sublinhou uma vez, os contos folclóricos começam na carência e na deslocação, este foi decerto um tempo "narrativo" para Emily ([36]). E pouco depois da chegada do irmão, ela entrou na vida turbulenta da creche. Com ambos os pais a trabalhar, surgiram em cena as *babysitters* – tudo no ambiente de uma cidade mal planeada, onde até o acto de apanhar os táxis se poderia tomar tenso e errático. "No centro da vida" não é um exagero.

Tivemos sorte com o facto de Emily ir melhorando no seu uso da língua materna enquanto ocorriam todos estes eventos importantes na sua vida. Tal permitiu-nos observar o seu crescimento na língua, não apenas como instrumento comunicativo mas também como veículo de reflexão em voz alta, quando os seus dias atarefados chegavam ao fim. Os seus solilóquios eram ricos. De facto, contrariamente a um princípio vygotskyano "estabelecido", eram gramaticalmente mais complexos, com expressões mais extensas e menos situados no "aqui e agora" do que o seu discurso conversacional – talvez porque, ao falar consigo própria, não tinha de enquadrar o seu discurso nos interstícios das interruptas observações de um interlocutor.

Porque é que alguns de nós falam consigo próprios – e sobretudo uma criança pequena, aliás, um tanto precoce? John Dewey alvitrou que a linguagem fornece uma maneira de ordenar os nossos pensamentos acerca do mundo; e há capítulos na obra *Narratives from the Crib* que confirmam semelhante conjectura. Voltaremos mais tarde a este assunto. Emily também fala com os seus animais embalsamados e faz relatos com elementos diver-

---

([35]) Katherine Nelson, ed., *Narratives from the Crib* (Cambridge, Mass.: Harvard University Press, 1989).
([36]) Vladimir Propp, *Theory and History of Folklore,* (Minneapolis: University of Minnesota Press, 1984).

sos tirados dos livros favoritos que lhe leram ou das canções que aprendeu. Cerca de um quarto dos seus monólogos eram descrições claramente narrativas: narrativas autobiográficas sobre o que tinha estado a fazer ou o que pensava fazer no dia seguinte. Ao ouvirmos as gravações e ao lermos repetidamente as transcrições, chama-nos a atenção a função *constitutiva* da sua narrativa monológica. Ela não estava apenas a fazer um relato; tentava compreender melhor a sua vida quotidiana. Parecia demandar uma estrutura integral que pudesse abarcar num todo o que tinha *feito*, o que *sentia* e aquilo em que *acreditava*.

Porque o discurso léxico-gramatical de quase todas as crianças melhora gradualmente durante os primeiros anos de vida, supomos com demasiada facilidade que a aquisição da linguagem é "autónoma". Segundo este dogma, parte da herança chomskiana antes discutida, a aquisição da linguagem não precisa de nenhum motivo além de si mesma, de nenhum apoio especializado e particular do meio ambiente, de nada excepto o desfraldar de uma espécie de "biograma" autocarregado. Mas, ao vermos de perto os textos e ao ouvirmos as gravações, houve alturas em que tivemos a irresistível impressão de que os saltos de Emily em relação ao discurso foram provocados por uma necessidade de construção do significado, mais especificamente de significado narrativo. Considerando que a realização do significado requer o uso de uma gramática e de um léxico, a sua procura talvez não o exija. Lois Bloom, tal como nós, observou, no final de um dos seus estudos, que, por exemplo, o domínio das expressões causais conseguido pela criança parecia ser guiado por um interesse pelas razões que levaram as pessoas a fazer as coisas. Do mesmo modo, o impulso de Emily para uma melhor construção gramatical e um léxico mais vasto parece ser provocado pela necessidade de ter as coisas organizadas numa ordem serial apropriada, de as assinalar pela sua importância, de sobre elas ter uma atitude especial. Não há dúvida, com o tempo, as crianças interessar-se-ão pela linguagem por si mesma, quase como se fosse uma forma de jogo. Como o Anthony de Ruth Weir, a Emily parecia "apenas brincar com a linguagem" em alguns dos seus últimos monólogos, mas mesmo então afigurava-se que havia algo mais ([37]). Que é que poderia ser?

Dizemos, na linguística do desenvolvimento, que "a função precede a forma". Há, por exemplo, formas gestuais para pedir e indicar, muito *antes* de haver um discurso léxico-gramatical para expressar essas funções, e intenções pré-linguísticas para pedir ou indicar parecem guiar a procura e apressar o domínio das formas linguísticas apropriadas. E assim deve acontecer como impulso das crianças para dar significado ou "estrutura" à experiência. Grande parte das primeiras aquisições de Emily parecia ter sido guiada por uma necessidade de fixar e expressar a estrutura narrativa – a ordem dos eventos humanos e que diferença é que eles fazem para o narrador/protagonista. Sei que esta não é a versão padrão da aquisição da linguagem, mas deixem-me explicar os pormenores.

As três primeiras e mais notáveis realizações nos solilóquios narrativos de Emily centraram-se no interesse de fixar melhor e com maior firmeza as suas narrativas na linguagem. Em primeiro lugar, existia um sólido domínio das formas linguísticas para conseguir uma sequência mais linear e coesa nas suas descrições "do que acontecera". Os seus primeiros relatos começaram por juntar os acontecimentos através do uso de simples conjunções, deslocaram-se em seguida para a insistência nas temporais, como *e depois,* e passaram, por fim, ao uso de causais como o seu *porque* omnipresente. Porque é ela tão minuciosa quanto à ordenação, a ponto de se corrigir a si mesma sobre quem ou o que precedia ou se seguia a quem ou a quê. Ao fim e ao cabo, só estava a falar consigo própria. William Labov, no seu importante ensaio sobre a estrutura narrativa, comenta que o significado do "que aconteceu" é estritamente determinado pela ordem e pela forma da sua sequência ([38]). Eis o significado que Emily parece buscar.

([37]) Ruth Weir, *Language in the Crib* (The Hague: Mouton, 1962).
([38]) Labov e Waletzky, "Narrative Analysis".

Em segundo lugar, o seu interesse e a consecução de formas para distinguir o canónico ou o habitual do invulgar revelou rápidos progressos. Palavras como *às vezes e sempre* ingressaram nos seus solilóquios no seu segundo ano e eram usadas com deliberação e ênfase. Mostrou um interesse enorme pelo que pensava ser firme, de confiança e habitual, e o conhecimento dessa normalidade serviu de fundo para explicar o excepcional. Tentava deliberadamente clarificar esses assuntos. Parece-se muito nisto com as crianças do estudo de Dunn em Cambridge.

Ademais, quando Emily estabeleceu e expressou o que era quantitativamente de confiança, começou a introduzir uma nota de necessidade deôntica. *Tinha de* entrou no seu léxico e serviu para assinalar os acontecimentos que eram não só frequentes mas, por assim dizer, *necessário* como quando anunciou num monólogo, após uma viagem de avião para visitar a avó, que "era preciso ter bagagem" para entrar num avião. E foi nesta altura do seu desenvolvimento que começou a usar as formas intemporais do presente para assinalar os acontecimentos canónicos usuais. Já não bastava descrever um pequeno-almoço de domingo em que *o papá tinha feito um pão de milho para a Emmy*. Os domingos eram agora uma espécie de evento intemporal: *quando você se levanta, mas nas manhãs de domingo às vezes levantamo-nos... às vezes levantamo-nos de manhã*. Tais relatos intemporais duplicam numa frequência relativa entre os 22 e os 33 meses. Têm um significado especial, para o qual nos iremos voltar.

Em terceiro lugar, está, por fim, a introdução da perspectiva e da avaliação pessoais de Emily nas suas descrições narrativas, o modo estandardizado de adicionar uma paisagem de consciência à paisagem da acção na narrativa. Ela fez isto cada vez mais no período em que analisámos os seus monólogos, principalmente sob a forma de expressar os seus sentimentos acerca do que estava a narrar. Mas também traçou uma perspectiva epistémica a propósito, por exemplo, de não ser capaz de imaginar porque é que o pai não fora aceite na maratona local. Parecia distinguir com muita clareza, nos últimos solilóquios, as suas próprias dúvidas *(penso que talvez...)* e os estados de incerteza no mundo *(às vezes Carl vem brincar)*. Ambos têm significados diferentes nos seus monólogos: um é sobre o estado de espírito do Actor-Narrador (ou seja, o autobiógrafo); o outro é sobre a Cena. Ambos participam da perspectiva. Ambos lidam com o "então o quê" dos acontecimentos relatados.

O motor de todo este esforço linguístico não é tanto o impulso em vista da coerência lógica, embora tal não esteja ausente. É, antes, uma necessidade de "ter a história certa": quem fez o quê, a quem e onde; o que é a coisa "real" e firme ou um acontecimento estranho e o que é que sinto a seu respeito. A sua linguagem era uma ajuda, mas não a *obrigava* a falar e a pensar desta maneira. Usava um *género* que lhe ocorria com facilidade e, talvez, naturalmente. Mas já tinha à mão outro género que estava a utilizar e a aperfeiçoar, como aprendemos com a análise de Carol Feldman dos monólogos de resolução de problemas de Emily ([39]). Nestes, Emily ocupa-se com o mundo mutável das categorias e causas, dos atributos e identidades, com o domínio das "razões porquê". Este género, tal como descrito por Feldman, "possui um nítido e intrincado padrão de quebra-cabeças propostos, de considerações levantadas e de soluções alcançadas". Veja-se o seguinte exemplo de Emily, tentando descobrir porque é que o pai não fora aceite para a maratona:

Hoje o Papá foi tentar entrar na corrida, mas as pessoas disseram que não; por isso, teve de a ver na televisão. Não sei porque é que isto aconteceu, talvez porque há muitas pessoas. Acho que foi por isso que ele não pôde participar. Gostava tanto de o ver. Gostava tanto de o poder ver. Mas disseram-lhe que não, não, não, Papá, Papá, Papá. Não, não, não. Tenho de , tenho de ver na televisão.

([39]) Carol Fleisher Feldman, "Monologue as Problem-solving Narrative", in Nelson, ed., *Narratives from the Crib*.

Sem dúvida, Emily (tal como todos nós) aprende a interligar estes dois géneros básicos, usando cada um para clarificar ou esboçar o outro. Aqui, mais uma vez aos 32 meses, há um exemplo admirável. Note-se que a porção narrativa ainda está mais preocupada com a canonicidade do que com a excepcionalidade; advirta-se ainda que a canonicidade está a ser imposta a um acontecimento um tanto problemático: ser abandonada por um dos pais, embora na escola pré-primária:

Amanhã, quando nos levantarmos da cama, primeiro eu e o Papá e a Mamã, tu, tomamos o pequeno-almoço, tomamos o pequeno-almoço, como costumamos fazer, e depois vamos b-r-i-n-c-a-r, e depois, logo que o Papá chegar, o Carl vem e depois vamos brincar um bocadinho. E depois o Carl e a Emily vão os dois passear de carro com alguém, e / vamos para a creche/ [suspiro], e depois quando chegarmos lá, vamos todos sair do carro, e entrar na creche e o Papá vai dar-nos beijos, e depois dizer, e depois vai dizer adeus, e depois vai trabalhar, e nós vamos brincar na creche. Não vai ser divertido?

E, imediatamente a seguir, desloca-se para o seu género de resolver quebra-cabeças:

Porque às vezes vou para a creche, porque é dia de creche. Às vezes fico com a Tanta toda a semana. E às vezes brincamos, a mãe e o pai. Mas normalmente, às vezes, eu humm, oh vou para a creche.

Assim, Emily, aos três anos, domina já as formas de dar sequência, canonicidade e perspectiva, graças ao seu impulso para narrativizar a sua experiência. O género serve para organizar a sua experiência das interacções humanas de um modo análogo à vida e a um conto. O seu ambiente narrativo é, à sua maneira, tão distintivo como os ambientes das crianças do gueto negro de Baltimore. No caso dela, ficamos a saber, através das trocas com os pais antes dos monólogos, que há um enorme realce em "ter as coisas certas", em ser capaz de dar "razões" e em entender as opções que lhe são facultadas. Os pais, afinal, são académicos. Além disso, tal como as crianças na Cambridge de Dunn, também Emily aprende a falar e a pensar retoricamente, a configurar as suas expressões com maior convicção a fim de expressar o seu ponto de vista.

A seu tempo, como vimos, introduz outro género nas suas narrativas − a resolução de problemas. E, dentro em breve, esta introdução genérica toma-se como que um *obbligato* nas suas narrativas. Emprego o termo musical de propósito: um *obbligato,* tal como explica o *Oxford Dictionary,* é algo "que não pode ser omitido... uma parte essencial para a integridade da composição". Não é que os modos narrativos e paradigmáticos de discurso se fundam, pois tal não acontece. Quer antes dizer que o modo lógico ou paradigmático se introduz para assumir a tarefa de explicar a interrupção na narrativa. A explicação é sob a forma de "razões", e é interessante que estas razões se enunciem muitas vezes no presente indicativo intemporal, para as distinguir melhor do curso dos acontecimentos do passado. Quando as razões, porém, se usam assim, há que fazê-las parecer lógicas e também realistas, para que os requisitos da narrativa continuem a dominar. Eis a intersecção crítica onde a verificabilidade e a verosimilhança parecem congregar-se. Conseguir uma convergência bem sucedida é conseguir uma boa retórica. Os próximos grandes avanços na nossa compreensão da aquisição da linguagem alcançar-se-ão provavelmente quando este tema obscuro for iluminado pela pesquisa do desenvolvimento.

*

É interpretativista a perspectiva que tenho vindo a propor; interpretativista na sua visão das actividades dos que praticam as ciências humanas e dos que eles estudam. Assume a posição de que o que constitui uma comunidade cultural *não* é só a partilha de crenças sobre o que as pessoas são e sobre o que é o mundo ou sobre o modo como as coisas se devem avaliar. Deve, sem dúvida, haver algum consenso para garantir a realização da civilidade. Mas o que pode ser igualmente importante para a coerência de uma cultura é a existência de procedimentos interpretativos para adjudicar as diferentes construções da realidade, inevitáveis em qualquer sociedade diversa. Michelle Rosaldo tem, decerto, razão quando fala da solidariedade criada por um fundo cultural de situações e de personagens de histórias ([40]). Mas duvido que tal seja suficiente. Deixem-me explicar.

Provavelmente, os seres humanos sofrem sempre de conflitos de interesse, com rancores concomitantes, facções, coligações e alianças móveis. Mas o que é interessante nestes fenómenos turbulentos não é a medida da separação que entre nós suscitam, mas a frequência com que são muitas vezes neutralizados ou perdoados ou desculpados. O primatólogo Frans de Waal adverte que os etólogos tenderam a exagerar a agressividade dos primatas (incluindo o homem) enquanto desvalorizam (e não observam) os inúmeros meios pelos quais as espécies superiores mantêm a paz ([41]). Nos seres humanos, com o seu espantoso dom narrativo, uma das principais formas de preservar a paz é o dom humano de apresentar, dramatizar e explicar as circunstâncias atenuantes que rodeiam as rupturas geradoras de conflito no curso ordinário da vida. O objectivo de semelhante narrativa não é reconciliar, nem legitimar, nem sequer desculpar, mas sim explicar. E as explicações oferecidas no relato habitual de tais narrativas não são sempre desculpas do protagonista descrito. O narrador é que normalmente se sai melhor. Mas, seja como for, o processo narrativo torna o acontecimento compreensível sobre o pano de fundo do habitual que tomamos como o estado

---

([40]) Michelle Rosaldo, *Knowledge and Passion: Ilongot Notions of Self and Social Life* (Cambridge e Nova Iorque: Cambridge University Press, 1980).

([41]) Frans de Waal, *Peacemaking among Primates* (Cambridge, Mass.: Harvard University Press, 1989).

básico da vida – mesmo se o que se tomou compreensível já não é apreciável como resultado. Viver numa cultura viável é estar entrosado num conjunto de histórias aglutinadoras, mesmo que, por vezes, não representem um consenso.

Quando numa cultura (ou até numa microcultura como a família) há um colapso, pode normalmente atribuir-se a uma entre várias coisas. A primeira é um profundo desacordo sobre o que constitui o habitual e o canónico na vida ou o excepcional e o divergente. E o que actualmente conhecemos a partir do que se poderia chamar a "batalha dos estilos de vida", exacerbada pelo conflito intergeracional. Uma segunda ameaça é inerente à superespecialização retórica da narrativa, quando as histórias se tornam tão motivadas ideologicamente que a desconfiança remove a interpretação, e "o que aconteceu" é descontado como invenção. Eis o que, em grande escala, acontece sob um regime totalitário; e novelistas contemporâneos da Europa Central documentaram-no com uma subtileza dolorosa – Milan Kundera, Danilo Kis e muitos outros [42]. O mesmo fenómeno se expressa na burocracia moderna onde tudo, excepto a história oficial do que se está a passar, é silenciado ou murado. E, por fim, há um colapso que resulta do flagrante empobrecimento dos recursos narrativos – na subclasse permanente do gueto urbano, nas segunda e terceira gerações do conjunto de refugiados palestinianos, nas aldeias assoladas pela fome em virtude da seca quase constante nas regiões da África subsariana. Não quer isto dizer que se tenha totalmente perdido a capacidade de dar a forma de história à experiência, mas apenas que a história de "pior cenário" acaba por dominar de tal modo a vida diária que a variação parece já não ser possível.

---

[42] Milan Kundera, *The Book of Laughter and Forgetting,* (Nova Iorque: Alfred A. Knopf, 1980). Kundera, *The Unbearable Lightness of Being,* (Nova Iorque: Alfred A. Knopf, 1984). Danilo Kis, *A Tomb for Boris Davidovich,* (Nova Iorque: Harcourt Brace Jovanovich, 1978).

Espero que isto não pareça demasiado afastado da análise pormenorizada da primeira e prematura actividade narrativa, de que se ocupou a maior parte deste capítulo. Quis tomar claro que a nossa capacidade de verter a experiência em termos de narrativa não é apenas um jogo de criança, mas um instrumento de produção de significado que domina grande parte da vida na cultura – desde os solilóquios à hora de deitar até à ponderação do testemunho no nosso sistema legal. No fim de contas, não é assim tão surpreendente que Ronald Dworkin goste de associar o processo da interpretação legal à interpretação literária, e que muitos estudiosos do direito o tenham acompanhado nesta perspectiva [43]. O nosso sentido do normativo é alimentado pela narrativa, mas também assim acontece com o nosso sentido de ruptura e de excepção. As histórias fazem da "realidade" uma realidade atenuada. Acho que as crianças estão naturalmente, e pelas circunstâncias, predispostas a iniciar as suas carreiras narrativas neste espírito. E nós equipamo-las com modelos e panóplias processuais para aperfeiçoarem tais habilidades. Sem estas, nunca poderíamos suportar os conflitos e as contradições que a vida social gera. Tornar-nos-íamos incapazes para a vida da cultura.

---

[43] Ronald Dworkin, *Law's Empire* (Cambridge, Mass.: Harvard University Press, 1986). Para um maior contorno do papel da narrativa no direito, ver *Michigan Law Review* 87, n.º 8 (Agosto de 1989), um trabalho totalmente dedicado ao tópico da "Narração Legal". Encontro-me particularmente en dívida para com Martha Minow da Harvard Law School por me chamar a atenção para este trabalho, assim como a Peggy Davis, David Richards e Tony Amsterdam da New York University Law School, por terem discutido comigo o seu significado.

4.
Autobiografia e Si mesmo

Neste capítulo final gostaria de ilustrar o que tenho apelidado de "psicologia cultural". Quero fazê-lo, aplicando o seu modo de pensar a um conceito central e clássico na psicologia. O conceito que escolhi para tal exercício é "o Si mesmo" *(the Self)* – tão central, clássico e intratável como qualquer outro no nosso léxico conceptual. Será que uma psicologia cultural arroja alguma luz sobre este difícil tópico?

Como outras propriedades da experiência humana "directa", o Si mesmo tem uma história peculiarmente atormentada. Parte do problema teórico que suscitou pode atribuir-se, suspeito eu, ao "essencialismo" que, muitas vezes, caracterizou a busca da sua elucidação, como se o Si mesmo fosse uma substância ou uma essência preexistente ao nosso esforço para o descrever, como se tudo o que houvesse a fazer fosse inspeccioná-lo de forma a descobrir a sua natureza. Mas a simples noção de tal fazer é já suspeita por muitas razões. O que levou, por fim, Edwin G. Boring, o filho intelectual favorito de E. B. Titchener, a abandonar toda a empresa introspectiva foi precisamente isto – que, como nos ensinou a nós, estudantes universitários, a introspecção é, no melhor dos casos, "retrospecção temporã", e sujeita aos mesmos tipos de selectividade e de construção como qualquer outro tipo de memória ([1]). A introspecção está sujeita à esquematização "de cima para baixo", como a memória.

Assim, o que surgiu como uma alternativa à ideia de um Eu directamente observável foi a noção de um Si mesmo conceptual, como um conceito criado por reflexão, um conceito construído da mesma maneira que construímos outros conceitos. Mas o "auto-realismo" arrastava-se ([2]). A questão consistia agora em saber se o *conceito* do Si mesmo assim construído era um *genuíno* conceito, quer reflectisse o Eu "real" ou essencial. A psicanálise pecou, decerto, e muito, do ponto de vista essencialista: a sua topografia do *ego, superego e id* era o *real*, e o método psicanalítico era o microscópio electrónico que o punha à mostra.

Questões ontológicas sobre o "Si mesmo conceptual" foram em breve substituídas por um conjunto mais interessante de preocupações: por que processos e relativamente a que tipos de expe-

---

[1] Edwin G. Boring, The *Physical Dimension of Consciousness* (Nova Iorque: Dover, 1963).

[2] O "realismo" do Si mesmo está, provavelmente, inserido na psicologia comum como um prolongamento da noção de acção. Está, decerto, implicado no uso da língua, de um modo estritamente idiossincrático. Dizemos "Controla-te!", mas não "Traz-te a ti próprio para jantar no próximo Domingo". E, tipicamente, permitimos que o Si mesmo seja sujeito e objecto de frases com verbos mentais e com verbos de acção: é-nos permitido dizer "olha que te cortas!", onde o termo final se refere, convencionalmente, a alguma parte do corpo; mas também nos é permitido dizer "Duvidas de ti!", que é, afinal, uma ordem quase impossível da metafísica comum para uma língua a aceitar sem sofisma. No caso médio acham-se expressões como "Feri-me!" em vez de simplesmente "Feri!". Mas, neste exemplo, as duas formas são geralmente utilizadas para distinguir a pontuada da durativa. Tanto quanto consegui determinar, não há nenhum estudo sistemático completo dos pré-requisitos linguísticos e cognitivos para o uso dos pronomes pessoais como predicados reflexivos. E é bem necessário. Mas para algumas reflexões interessantes sobre a incorporação do realismo do Si mesmo em tal uso, ver Peter Strawson, *Individuais* (Londres: Methuen, 1959); George A. Miller e Philip N. Johnson-Laird, *Language and Perception* (Cambridge, Mass.: Belknap Press of Harvard University Press, 1976); e Bernard Williams, *Problems of the Self* (Cambridge: Cambridge University Press, 1973).

riência é que os seres humanos formulam o seu próprio conceito de Si mesmo, e que tipos de Si mesmo é que formulam? Será que o "Eu" engloba (como William James sugeriu) um Eu "alargado" que incorpora a família, os amigos, os bens de cada um, e assim por diante? ([3]). Ou, como sugeriram Hazel Markus e Paula Nurius, seremos uma colónia de Eus Possíveis, incluindo alguns que são temidos e outros que são esperados, clamando todos por se apossar de um Si mesmo Actual? ([4]).

Suspeito que houve também algo ainda mais difuso no clima intelectual que levou ao colapso do realismo na nossa concepção do Si mesmo. Durante o meio século que também testemunhou o aumento comparável do anti-realismo na física moderna, do perspectivismo céptico na filosofia contemporânea, do construtivismo nas ciências sociais, teve lugar a proposta de "mudanças paradigmáticas" na história intelectual. Com a metafísica cada vez mais fora de moda, a epistemologia tornou-se, por assim dizer, a sua contrapartida secular: as ideias ontológicas seriam aprazíveis, enquanto se pudessem converter em problemas sobre a natureza do conhecimento. Consequentemente, o Si mesmo Essencial abriu caminho ao Si mesmo Conceptual ([5]).

([3]) William James, *Principies of Psychology* (Nova Iorque: Macmillan, 1890).

([4]) Ver Hazel Markus e Paula Nurius, "Possible Selves", *American Psychologist* 41 (1986): 954-969. Têm sido propostos outros modelos, mais ou menos similares, do Si mesmo. Os exemplos incluem Anthony R. Pratkanis, Steven J. Breckler e Anthony G. Greenwarld, eds., *Attitude Structure and Function* (Hillsdale, N. J.: Lawrence Erlbaum Associates, 1989); Robbie Case, *Intellectual Development: Birth to Adulthood* (Orlando: Academic Press, 1985); Tory E. Higgins, "Self-Discrepancy: A Theory Relating Self and Affect", *Psychology Review* 94 (1987): 319-340.

([5]) Está bem exemplificado na obra de Richard Rorty: *Consequences of Pragmatism* (Minneapolis: University of Minnesota Press, 1982); *Philosophy and the Mirror of Nature* (Princeton: Princeton University Press, 1979). O "efeito dormitivo" do perspectivismo de Nietzche é debatido em Alexander Nehamas, *Nietzche: Life as Literature* (Cambridge, Mass.: Harvard University Press, 1985). Mas o impacto do perspectivismo na psicologia também deriva do anti-realismo em Ernst Mach, *The Analysis of Sensations, and the Relation*

Liberto dos grilhões do realismo ontológico, começou a surgir um novo conjunto de preocupações sobre a natureza do Eu, preocupações algo "transaccionais". Não será o Si mesmo uma relação transaccional entre o locutor e um Outro, na verdade, um Outro Generalizado? ([6]). Não será uma forma de estruturar a consciência, a posição, a identidade, o empenhamento de cada um em relação a outro? O Eu, nesta perspectiva, torna-se um "diálogo dependente", designado tanto para ser o recipiente do nosso discurso como para fins intrapsíquicos ([7]). Mas estes esforços em vista de uma psicologia cultural tiveram um efeito muito limitado na psicologia em geral.

O que impediu a psicologia de continuar a desenvolver-se firmemente nesta direcção prometedora foi, creio eu, a sua teimosa posição antifilosófica, que a manteve isolada das correntes de pensamento das suas disciplinas adjacentes nas ciências humanas. Mais do que encontrar uma causa comum com os nossos vizinhos na definição de ideias centrais como "mente" ou "Si mesmo", nós, na psicologia, preferimos apoiar-nos em pa-

---

of the Physical to the Physical (Chicago: Open Court, 1914). O cepticismo de Karl Popper também teve um forte impacto – por ex., *Objective Knowledge: An Evolutionary Approach* (Oxford: Clarendon Press, 1972) – como, aliás, a discussão de Thomas Kuhn sobre as mudanças paradigmáticas na ciência em *The Structure of Scientific Revolutions* (Chicago: University of Chicago Press, 1962). A minha própria geração teve, inclusive, um "texto de culto" sobre o assunto: Hans Vaihinger *The Philosophy of "As If"*. *A System of the Theoretical, Practical, and Religious Fictions of Mankind*, 2ª ed., (Londres. Routledge and Kegan Paul, 1935). O operacionalismo de Percy Bridgman também foi longe no sentido de minar o realismo ingénuo e simplista da ciência anterior: *The Logic of Modern Physics* (Nova Iorque: Macmillan, 1927).

([6]) George Herbert Mead, *Mind, Self and Society* (Chicago: University of Chicago Press, 1934).

([7]) Pode observar-se o desenvolvimento paralelo desta ideia no trabalho de Mikhail Bakhtin sobre "heteroglossia" – *The Dialogic Imagination: FourEssays,* ed. Michael Holquist (Austin: University of Texas Press, 1981) – e no de Lev Vygotsky sobre a "internalização" do diálogo na criação do "discurso interior" e do pensamento – *Thought and Language* (Cambridge, Mass.: MIT Press, 1962).

radigmas estandardizados da pesquisa para "definir" os nossos "próprios" conceitos. Olhamos esses paradigmas da investigação como as operações que definem o conceito por nós estudado – testes, procedimentos experimentais e quejandos. Com o tempo, tais métodos tornam-se donos, por assim dizer, e acabam rigidamente por definir o fenómeno em questão: "A inteligência *é* o que os testes de inteligência medem". E o mesmo se passa com o estudo do Si mesmo: "ele" é o que quer que for medido pelos testes do autoconceito. Cresceu assim uma próspera indústria de testes construída à volta de um conjunto de autoconceitos meticulosamente definidos, cada um com os seus próprios testes, e com um recente manual de dois volumes que dava mais importância às complexidades metodológicas do que aos problemas substantivos [8]. Cada teste cria o seu próprio módulo desligado de pesquisa, cada qual deve considerar-se individualmente como um "aspecto" de uma noção mais vasta de Si mesmo, que fica por especificar.

Até a melhor pesquisa sofreu com esta sujeição ao paradigma dos testes. Considere-se, por exemplo, o aspecto do Si mesmo inserido em estudos do "nível de aspiração" – medido por meio de questões feitas a sujeitos para preverem o seu êxito numa tarefa, após o sucesso ou o fiasco numa tarefa similar em tentativas anteriores. Formulada, de início, por Kurt Lewin, a ideia estava, no mínimo, teoricamente situada no seu sistema de pensamento. Gerou muita pesquisa, e alguma bastante interessante. Suspeito que morreu devido ao seu singular paradigma laboratorial. Tornou-se processualmente demasiado "rígida" para ser alargada, ou seja, transformou-se numa teoria geral de "auto-estima" e, decerto, demasiado isolada para ser incorporada numa teoria mais

---

[8] Ruth C. Wylie, *The Self-Concept*, vol. 1: A *Review of Methodological Considerations and Measuring Instruments* (Lincoln: University of Nebraska Press, 1974); vol. 2: *Theory and Research on Selected Topics* (Lincoln. University of Nebraska Press, 1979). Também Wylie, *Measures of Self-Concept* (Lincoln: University of Nebraska Press, 1989).

geral do Si mesmo ([9]). Além disso, cresceu sem grande tino para os vastos desenvolvimentos conceptuais que estavam a ter lugar nas outras ciências humanas – antipositivismo, transaccionalismo e ênfase no contexto.

As coisas, agora, mudaram – ou, pelo menos, estão em processo de mudança. Mas ajudar-nos-á a apreciar esta mudança, penso, rastrear uma alteração comparável noutro conceito germinal de psicologia, e que à superfície pode afigurar-se muito longe do conceito do Eu. Poderia servir para mostrar como é que desenvolvimentos no seio da vasta comunidade intelectual conseguem, ao fim e ao cabo, abrir caminho mesmo nos estreitos canais onde os nossos paradigmas experimentais estandardizados navegam. Permitam-me tomar como caso exemplar a recente história do conceito de "aprendizagem" e tentar mostrar como ele veio a ser absorvido na mais ampla cultura de ideias, quando começou a ser redefinido como o estudo da "aquisição de conhecimento". Contém pequenos paralelos fascinantes (ou contrapartidas?) com o nosso tópico de Si mesmo.

Há que partir da "aprendizagem animal", porque foi o anfiteatro paradigmático em que, pelo menos durante meio século, se digladiaram os mais controversos problemas da teoria da aprendizagem. Neste âmbito, as teorias rivais construíram os seus modelos do processo de aprendizagem em procedimentos paradigmáticos particulares para o estudo da aprendizagem, inclusive ao ponto de projectar alguns que satisfaziam o requisito especializado de trabalhar com um tipo particular. Por exemplo, Clark Hull e os seus alunos escolheram o múltiplo labirinto em forma de T como seu instrumento favorito. Era apropriado para o rato e para a medição dos efeitos cumulativos do reforço terminal em reduzir erros. De facto, a teoria de Hull visava harmonizar as descobertas geradas por este paradigma de pesquisa. Não obstante

---

[9] K. Lewin, T. Dembo, L. Festinger e P. Sears, "Level of Aspiration", em J. McV. Hunt, ed. *Personality and the Behavior Disorders* (Nova Iorque: Ronald, 1944).

o seu behaviorismo draconiano, "a teoria da aprendizagem de Yale" teve mesmo de engendrar uma simulação mecânica da teleologia para explicar porque é que os erros cometidos mais perto do fim do labirinto (onde se encontrava a recompensa) se eliminavam mais depressa na aprendizagem. Cada qual vivia com o seu próprio paradigma! Edward Tolman, mais cognitivo e "teleológico" na sua abordagem, também usou ratos e labirintos (quase como se para introduzir o jogo no campo de Hull), mas ele e os alunos preferiram os labirintos de ala aberta num ambiente visual rico, ao contrário dos fechados preferidos por Hull em Yale. Os californianos queriam que os seus animais tivessem acesso a uma gama mais vasta de pistas, sobretudo espaciais, fora do labirinto. A teoria de Tolman acabou, sem surpresas, por comparar a aprendizagem à construção de um "mapa cognitivo" que representava o mundo de possíveis "relações meios-fim". Hull desembocou numa teoria que tratava os efeitos cumulativos de reforço na "intensificação" das respostas aos estímulos. Na linguagem daquela época, a teoria de Tolman era uma teoria "mapa de sala" e a de Hull, uma teoria "quadro de distribuição" ([10]).

([10]) Ver Clark L. Hull, *Principles of Behavior* (Nova Iorque: Appleton-Century, 1943); Edward C. Tolman, *Purposive Behavior in Animais and Men* (Nova Iorque: Appleton-Century, 1983).

Uma profunda divisão separou as teorias da aprendizagem englobadas na rubrica de "condicionamento". Pavlov estudou a salivação em cães ajaezados que tinham acabado de ouvir um som ou de ver uma luz que anunciava a entrega de comida. Tal veio a ser o chamado "condicionamento clássico". B. F. Skinner, rejeitando esta abordagem passiva, introduziu a ideia de uma "resposta operante" – um pombo a picar num botão assinalado que lhe forneceria um grão de milho, e noutro botão não marcado, sem esse efeito. O condicionamento operante de Skinner e o clássico de Pavlov suscitam, claro está, imagens muito diferentes do que é a aprendizagem. O primeiro está repleto de inibição e desinibição, aumento de excitação, etc. O segundo ocupa-se das condições que aumentam ou diminuem a probabilidade de uma resposta. Karl Zener demonstrou que, se os cães de Pavlov não estivessem ajaezados e vagueassem à vontade pelo laboratório, o início da salivação condicionada seria de todo diferente do modo como ocorreu nas condições rigidas do Instituto de Moscovo. Se o regresso à tina da comida exigir um rodeio perspicaz, por exemplo, os cães parecem ter em "mente" mais

Ora é óbvio que a pesquisa sobre *qualquer coisa* produzirá descobertas que reflectem os seus procedimentos para observar ou medir. A ciência inventa assim sempre uma realidade correspondente. Quando "confirmamos" a nossa teoria mediante "observações", ideamos procedimentos que irão favorecer a plausibilidade da teoria. Quem quer que levante objecções pode usurpar a nossa teoria, inventando variantes dos nossos procedimentos para demonstrar as excepções e "refutações". E foi assim que se travaram as batalhas da teoria da aprendizagem. Por exemplo, I. Krechevsky conseguiu mostrar que a teoria do comportamento de Yale tinha de estar errada, ao. demonstrar que os ratos nos labirintos em forma de T eram impelidos por "hipóteses", aparentemente autogeradas, de muitos tipos, incluindo as de virar à direita ou à esquerda, e que os reforços só actuavam para respostas guiadas por hipóteses que na altura se impunham – significava isto que o reforço era realmente apenas a "confirmação da hipótese". Mas as mudanças radicais raramente resultam desse procedimento, embora a diferença entre uma teoria de reforço da resposta e uma teoria de confirmação de hipóteses nunca fosse trivial. De facto, em retrospectiva, a batalha em torno da "hipótese *versus* reforço de probabilidade" poderia até parecer uma precursora da revolução cognitiva. Mas enquanto o *locus classicus* da disputa foi o labirinto de ratos, aberto ou fechado, permaneceu um precursor sem consequências.

---

coisas para fazer do que salivar. Em seguida, Hobart Mowrer demonstrou que o condicionamento clássico e o operante funcionavam em condições diferentes, o primeiro para um comportamento autonomicamente mediado, o segundo para respostas mais "voluntárias".

Tolman teve o mérito de publicar um ensaio clássico intitulado "There Is More than One Kind of Learning", *Psychological Review* 56 (1949): 144-155. Mas persistia o "fechamento do paradigma", pois cada teórico tinha por única forma *básica* de aprendizagem a gerada pelo seu paradigma experimental, com a perturbadora excepção a exigir "uma explicação satisfatória".

A distinção entre teorias "mapa de sala" e "quadro de distribuição" é debatida em Tolman, "Cognitive Maps in Rats and Men", *Psychological Review* 55 (1948): 189-208.

Ao fim e ao cabo, "a teoria da aprendizagem" morreu ou, seria preferível dizer, murchou, deixando atrás sobretudo vestígios da tecnologia. O tédio representou o seu habitual papel sadio: os debates tornaram-se demasiado especializados para merecer um interesse geral. Mas dois movimentos históricos estavam já em desenvolvimento e, dentro de uma década ou duas, marginalizariam a teoria "clássica" da aprendizagem. Um era a revolução cognitiva; o outro, o transaccionalismo. A revolução cognitiva absorveu simplesmente o conceito de aprendizagem no conceito mais amplo de "aquisição de conhecimento". Mesmo os esforços da teoria da aprendizagem para alargar a sua base, tentando reduzir aos seus termos as teorias da personalidade, se detiveram – um assunto que nos ocupará de novo, mais tarde. Antes dessa revolução, as teorias da personalidade concentraram-se quase exclusivamente na motivação, no afecto e nas suas transformações – assuntos que pareciam estar quase ao alcance da teoria da aprendizagem. Na verdade, houve um período na década de 40 em que tais "traduções da teoria da aprendizagem se tornaram quase uma indústria rural" ([11]). Mas, com o advento da revolução cognitiva, a ênfase na teoria da personalidade também se deslocou para temas mais cognitivos – por exemplo, que tipos de "construtor pessoal" é que as pessoas utilizam para dar significado aos seus mundos e a si próprias ([12]).

([11]) Estudos típicos deste género incluem os referidos em Neal E. Miller, "Experimental Studies in Conflict", em J. McC. Hunt, ed., *Personality and the Behavior Disorders* (Nova Iorque: Ronald, 1944); e em estudos de pesquisa específica como O. Hobart Mowrer, "Anxiety Reduction and Learning", *Journal of Experimental Psychology* 27 (1940): 497-516; Edward C. Tolman, "A Stimulus-Expectancy Need-Cathexis Psychology", *Science* 101 (1945): 160-166, John Dollard e N. E. Miller, *Personality and Psychotherapy* (Nova Iorque: McGraw-Hill, 1950).

([12]) Um exemplo típico deste período foi a obra em dois volumes de George A. Kelly *The Psychology of Personal Constructs* (Nova Iorque: Norton) que apareceu em 1955, um ano antes da data-padrão do "começo" da revolução cognitiva. Fiz a sua recensão em Contemporary *Psychology* 1, n.º 12 (1956): p. 355-358, e saudei-a como o primeiro "esforço para construir uma teoria da personalidade a partir de uma teoria do conhecimento: como as pessoas chegam a conhecer o mundo, unindo as suas diversas aparências em sistemas organizados de construtor" (p. 355).

Mas o segundo movimento histórico que referi ainda não atingiu a psicologia – o novo contextualismo transaccional que se expressou na sociologia e na antropologia em doutrinas como a "etnometodologia" e nos outros desenvolvimentos discutidos no capítulo 2. Era a concepção segundo a qual a acção humana não se pode explicar completa ou adequadamente de dentro para fora – por referência apenas a disposições intrapsíquicas, a traços, a capacidades de aprendizagem, a motivos, ou seja ao que for. Para a sua explicação, a acção exige estar *situada,* ser concebida como em continuidade com um mundo cultural. As realidades que as pessoas construíam eram realidades *sociais,* negociarias com outras, distribuídas entre elas. O mundo social onde vivemos não estava, por assim dizer, nem "na cabeça" nem "fora dela" numa forma aborígene algo positivista. E tanto a mente como o Si mesmo faziam parte desse mundo social. Se a revolução cognitiva irrompesse em 1956, a revolução contextual (pelo menos na psicologia) estaria hoje a ter lugar.

Considere-se, em primeiro lugar, como é que o contextualismo afecta as ideias sobre o conhecimento e o modo de o adquirirmos. Como Roy Pea, David Perkins e outros hoje afirmam, o conhecimento de uma "pessoa" não está *apenas* na sua cabeça, na "pessoa isolada", mas nas notas que escreveu em cadernos acessíveis, nos livros com passagens sublinhadas que estão nas prateleiras de alguém, nos manuais que se aprendeu a consultar, nas fontes de informação que se introduzem no computador, nos amigos que se chamam ao telefone para conseguir uma referência, um "rumo", e assim por diante, quase indefinidamente. Tudo isto, como Perkins refere, são partes do fluxo de conhecimento, que cada qual partilha. E este fluxo inclui ainda as formas de retórica extremamente convencionais, que usamos para justificar e explicar o que estamos a fazer, cada uma talhada e "estruturada" pela ocasião do uso. Neste sentido, chegar a conhecer qualquer coisa é algo *situado* e (para empregar o termo de Pea-Perkins) *distribuído* ([13]). Não prestar atenção à natureza situacional e distribuída do conhecimento e do conhecer é perder de vista não só a natureza cultural do conhecimento, mas da correspondente natureza cultural da aquisição do conhecimento.

Anne Brown e Joseph Campione acrescentam outra dimensão a este quadro de distribuição. As escolas, sublinham, são "comunidades de aprendizagem ou de pensamento" em que há procedimentos, modelos, canais de realimentação e quejandos, que determinam como, o que, quanto e de que forma uma criança "aprende". A palavra *aprende* merece as aspas, porque aquilo que a criança faz é participar numa espécie de geografia cultural que sustenta e molda o que ela faz, e sem a qual não haveria, por assim dizer, aprendizagem alguma. Como David Perkins afirma no fim do seu debate, talvez a "pessoa se conceba melhor... não como o núcleo puro e estável, mas [como] a soma e a multidão de participações" ([14]). De um só golpe, as "teorias da aprendizagem" dos anos 30 ingressam numa nova perspectiva distributiva ([15]).

([13]) Ver Roy Pea e D. M. Kurland, "On the Cognitive Effects of Learning Computer Programming", *New Ideas in Psychology 2 (1984):* 137-168; R. Pea, "Distributed Intelligence and Education", em D. Perkins, J. Schwartz, e M. M. West, eds., *Teaching for Understanding in the Age of Technology;* D. N. Perkins, "Person Plus: A Distributed View of Thinking and Learning", ensaio lido no "Symposium on Distributed Learning" no encontro anual do A.E.R.A., Boston, 18 de Abril de 1990. Embora a noção de aprendizagem distribuida tenha, por assim dizer, já há muito sido ventilada – os antropólogos, em particular, dedicaram-lhe alguma atenção, como Michael Cole, "Cultural Psychology: A Once and Future Discipline", em J. J. Berman, ed., Nebraska Symposium *on Motivation,* 1989: *Cross-Cultural Perspectives* (Lincoln: University of Nebraska Press) – a ideia ganhou nova força na sua aplicação às relações do homem com as novas tecnologias da informação. Ver, particularmente, John Seeley Brown, Alan Collins e P. Duguid, "Situated Cognition and the Culture of Learning", *Educational Researcher* 18. p. 32-42.

([14]) Ann L. Brown, "Distributed Expertise in the Classroom", ensaio apresentado no "Symposium on Distributed Learning" na A.E.R.A., Boston, 1990. Para uma referência mais completa deste trabalho, cf. também Ann Brown e Joseph Campione, "Communities of Learning and Thinking: Or a Context by Any Other Name", *Human Development.* A citação é de Perkins, "Person Plus", 24.

([15]) Foram também considerações contextuais que encerraram o anfiteatro da "aprendizagem animal", no qual se travaram as clássicas batalhas sobre a

A nova maré depressa rodeou a demanda do Si mesmo na psicologia ([16]). Deverá ele olhar-se como um núcleo constante e subjectivo, ou será preferível concebê-lo como "distribuído"? De facto, a concepção "distributiva" do Eu não era assim tão nova *fora da* psicologia: tinha uma longa tradição nos estudos históricos e antropológicos, ou seja, na antiga tradição da história interpretativa e na tradição mais recente, mas crescente, do interpretativismo na antropologia cultural. Tenho, sem dúvida, em mente obras como o estudo histórico sobre a individualidade, de Karl Joachim Weintraub, *The Value of the Individual e* o trabalho clássico de E. R. Dodd, *The Greeks and the Irrational* e, ultimamente, o estudo antropológico, realizado por Michelle Rosaldo, sobre o "Si mesmo" entre os *Ilongot,* o de Fred Myers sobre o "Eu" dos *Pintupi.* E importaria mencionar o trabalho que se relaciona com questões históricas mais particulares como, por exemplo, a pesquisa de Brian Stock sobre se a introdução da "leitura silenciosa" poderia ou não ter mudado as concepções ocidentais do Eu, ou

---

teoria da aprendizagem. Os etólogos deixaram bem claro que, num sentido evolutivo, a aprendizagem estava ligada a determinadas condições no ambiente de espécies particulares. Não podia abordar-se isoladamente, separada dos *habitats* e das predisposições instintivas, seleccionadas ao longo da evolução para enfrentar tais *habitats.* A aprendizagem, fosse qual fosse a forma por ela tomada, orientava-se sempre e era filtrada em termos das predisposições seleccionadas pela evolução. Não poderia explicar-se, sem se especificar bastante mais do que a mera "exposição" do animal a um ambiente particular. Por isso, mais uma vez, a aprendizagem e o que aprende não podiam ser isolados do *habitat* do animal ou da evolução histórica que tornou esse *habitat* "adaptativo" às predisposições do animal. Ver, especialmente, Niko Tinbergen, *The Animal in Its World,* vols. 1 e 2 (Londres: George Allen e Unwin, 1972, 1973).

([16]) Isto não implica que a ideia de pensamento "distribuido" tenha estado sempre ausente da psicologia. Vygotsky tivera em mente tal noção, na sua formulação da pedagogia e no papel que atribuiu à história, na configuração do pensamento (ver o seu *Thought and Language).* David Wood e eu andámos também a tactear uma maneira de caracterizar a "armação" da actividade intelectual, que ocorre nas trocas de conhecimento: Wood, Bruner e Gail Ross, "The Role of Tutoring in Problem Solving", *Journal of Child Psychology and Psychiatry* 17 (1976): 89-100. E uma visão distribucional caracterizou desde logo o trabalho de Michael Cole e Sylvia Scribner, *Culture and Thought: An Introduction* (Nova Iorque: Wiley 1974).

o trabalho da Escola francesa dos *Annales* sobre a história da vida privada. Mais adiante, preocupar-nos-emos com os estudos monumentais desta última, no tocante à questão profunda de se a "história da privacidade" no mundo ocidental se não poderia também considerar como um exercício na compreensão da emergência do Eu ocidental ([17]). O que todos estes trabalhos têm em comum é o objectivo (e a virtude) de *localizarem* o Si mesmo, não na solidez da consciência privada imediata, mas também numa situação histórico-cultural. A este respeito, como já se referiu, os filósofos sociais contemporâneos também não estão muito atrasados. Logo que começaram a questionar a posição antes aceite do verificacionismo positivista nas ciências sociais – a noção de que há uma realidade "objectiva" e separada, cuja verdade pode ser descoberta por métodos apropriados – tornou-se claro que o Si mesmo se deve igualmente ter por uma construção que, por assim dizer, dimana tanto de fora para dentro como de dentro para fora, da cultura para a mente e da mente para a cultura.

Embora não "verificáveis" no sentido obstinado do psicólogo positivista, estes estudos antropológicos e históricos francamente interpretativos poderiam ser examinados pela sua plausibilidade. E até um guardião tão austero da pureza metodológica da psicologia, como Lee Cronbach, nos lembra que "A validade é mais subjectiva do que objectiva: a plausibilidade da conclusão é que conta. E, a plausibilidade, para modificar um lugar-comum, reside no ouvido do observador" ([18]). Em suma, é um conceito interpretativo, e não um exercício na planificação da pesquisa.

([17]) Karl Joachim Weintraub, *The Value of the Individual: Self and Circumstance in Autobiography* (Chicago: University of Chicago Press, 1978); E. R. Dodds, *The Greeks and the Irrational* (Berkeley: University of California Press, 1951); Michelle Rosaldo, *Knowledge and Passion: Ilongot Notions of Self and Social Life* (Cambridge e Nova Iorque: Cambridge University Press, 1980); e Fred Myers, *Pintupi Country, Pintupi Self* (Washington: Smithsonian Institution Press, 1986). Quatro volumes de A *History of Private Life* foram publicados até à data pela Harvard University Press.

([18]) Lee J. Cronbach, *Designing Evaluations of Educational and Social Programs* (San Francisco: Jossey-Bass, 1982), 1.08.

Permitam-me delinear agora, com brevidade, como é que este novo impulso parece ter aberto caminho até às principais concepções contemporâneas do Si mesmo. Não conseguirei aqui fazer-lhe inteira justiça, mas posso dizer o suficiente para mostrar porque é que (pelo menos a meu ver) ele assinala uma nova viragem no que se entende por psicologia cultural. Espero ser capaz de a elucidar mais na segunda metade deste capítulo.

A nova perspectiva irrompeu inicialmente como um protesto contra o objectivismo capcioso na psicologia social e no estudo da personalidade. Kenneth Gergen foi um dos primeiros psicólogos sociais a ver como a psicologia social se poderia transformar mediante a adopção de uma concepção interpretativista, construtivista e "distributiva" dos fenómenos psicológicos, e alguns dos seus primeiros trabalhos visaram especificamente a construção do Si mesmo. Neles começou já, há duas décadas, por mostrar como é que a auto-estima e o autoconceito das pessoas se transformavam numa reacção clara aos tipos de pessoas com que conviviam, e mudavam ainda mais em resposta às observações positivas ou negativas que as outras pessoas lhes faziam. Mesmo se lhes pedissem apenas para representar um determinado papel público num grupo, a sua auto-imagem mudava, por vezes, de forma a ajustar-se a tal papel. De facto, na presença dos que eram mais velhos ou pareciam mais poderosos, as pessoas referir-se-íam ao "Si mesmo" de uma forma bastante atenuada e diferente do modo de se verem a si próprias quando na presença de gente mais nova ou menos estimada. E tinham de si imagens diversas, conforme interagiam com egotistas ou com pessoas mais apagadas ([19]).

([19]) Ver Kenneth J. Gergen, *Toward Transformation in Social Knowledge* (Nova Iorque: Springer-Verlag, *1982)*, p. 17. A pesquisa original está registada em vários ensaios referidos neste volume, em particular Gergen e M. G. Taylor, "Social Expectancy and Self-Presentation in a Status Hierarchy", *Journal of Experimental Social Psychology* 5 (1969):79-92; e S. J. Morse and K. J. Gergen, "Social Comparison, Self-Consistency, and the Presentation of Self", *Journal of Personality and Social Psychology* 16 (1970): 148-159.

No sentido distributivo, o Si mesmo pode, pois, ver-se como um produto das situações em que opera, a "colmeia das suas participações", como Perkins afirma.

Ademais, Gergen sublinhou que estes "resultados" de nenhuma forma se poderiam generalizar para além das ocasiões históricas em que foram obtidos. "Nenhuma destas descobertas se deve considerar como trans-historicamente fidedigna. Cada uma dependeu em grande parte do conhecimento que o investigador tinha sobre as mudanças conceptuais sujeitas a alterações num dado contexto histórico" ([20]). Mas, acrescentou, *há* duas generalidades que importa ter em conta, ao interpretar descobertas como estas: são dois universais que têm a ver com o modo de o homem se orientar face à cultura e ao passado. O primeiro é a *reflexividade* humana, a nossa capacidade de voltar ao passado e de alterar o presente à sua luz ou de alterar o passado à luz do presente. Nem o passado nem o presente se mantêm fixos perante esta reflexão. O "imenso repositório" dos nossos encontros passados pode tomar-se saliente de várias formas, à medida que os revemos reflexivamente, ou alterar-se também pela reconceptualização ([21]).

O segundo universal é a nossa "deslumbrante" capacidade intelectual de *visionar alternativas* – conceber outras maneiras de ser, de agir, de lutar. Assim, embora sejamos em certo sentido "criaturas da história", somos, noutra acepção, também agentes autónomos. O Si mesmo, à semelhança de qualquer outro aspecto da natureza humana, surge, pois, como um guardião da permanência e como um barómetro que corresponde ao tempo cultural local. Além disso, a cultura fornece-nos guias e estratagemas para encontrarmos um nicho entre a estabilidade e a mudança: exorta, proíbe, atrai, nega, recompensa os compromissos que o Si mesmo aceita. E este, usando as suas capacidades de reflexão e de visionamento de alternativas, subtrai-se ou aceita ou reavalia

---

[20] Gergen, *Toward Transformation in Social Knowledge,* p. 18.
[21] Gergen, claro, foi influenciado nesta concepção por Bartlett, *Remembering,* discutido no Capítulo 2.

e reformula o que a cultura tem para oferecer. Qualquer esforço para compreender a natureza e as origens do Si mesmo é, pois, um esforço interpretativo semelhante ao usado pelo historiador ou pelo antropólogo que tenta compreender um "período" ou um "povo". E, de modo assaz irónico, logo que uma história ou antropologia oficiais se proclamam numa cultura e entram no domínio público, tal facto altera o processo de construção do Eu. Não admira que o primeiro ensaio de Gergen para chamar a atenção dos seus colegas psicólogos sociais tivesse o titulo de "Social Psychology as History" (A Psicologia Social como História) ([22]).

Gergen – tal como Garfinkel, Schutz e outros, com cujos programas "etno-" na sociologia e na antropologia deparámos no Capítulo 2 – estava inicialmente interessado nas "regras" segundo as quais construímos e negociamos as realidades sociais. O ego ou o Si mesmo olhava-se como uma certa mistura de decisor, de estratego e de jogador calculando os seus empenhamentos, incluindo mesmo o compromisso, na expressão de Erving Goffman, de como apresentar o Si mesmo aos Outros. Tratava-se de uma concepção excessivamente calculista e intelectual do Eu, e penso que reflectia uma parte do racionalismo da incipiente revolução cognitiva ([23]). Foi talvez a revolta crescente contra a epistemologia verificacionista que libertou os cientistas sociais para a exploração de outras formas de conceber o Si mesmo, além da que nele divisava um agente calculador, governado por regras lógicas. Mas isto traz-nos à parte seguinte da história.

([22]) Kenneth Gergen, "Social Psychology as History", *Journal of Personality and Social Psychology 26* (1973): *309-320.*

([23]) Não digo isto de uma forma crítica. Um dos objectivos dos primeiros "revolucionários" cognitivos era substituir a fraca imagem do homem que emergira durante o longo reino do behaviorismo. Efectivamente, encontrei-me entre esses racionalistas, e testemunhei a importância central do conceito de estratégia em Bruner, J. J. Goodnow e G. A. Austin, A *Study of Thinking* (Nova Iorque: Wiley, 1956).

Nos finais dos anos 70 e no início dos anos 80, a noção do Eu como contador de histórias apareceu em cena – o Eu contava histórias que incluíam um esboço do Si mesmo como uma parte sua. A teoria literária e as novas teorias da cognição narrativa é que, suspeito, provocaram a mudança. Mas não é este o local certo para examinar esta interessante transição nas ciências humanas [24]. Seja como for, não foi muito antes de a narrativa estar no centro da ribalta.

Donald Spence (juntamente com Roy Schafer, a quem voltaremos mais tarde), foi, sem dúvida, um dos primeiros a estar em cena [25]. Falando a partir da psicanálise, Spence levantou a questão de se um paciente em análise *recuperaria* da memória o passado no sentido em que um arqueólogo desenterra artefactos de uma civilização sepultada, ou se a análise o capacitaria para *criar* uma nova narrativa que, embora pudesse ser apenas uma memória peneirada ou até uma ficção, estava ainda assaz perto da realidade para iniciar um processo reconstructivo. A "verdade" que interessava – insistia ainda na sua argumentação – não era a verdade histórica, mas algo a que decidiu chamar a verdade *narrativa*. Essa verdade narrativa, fosse embora uma memória peneirada ou ficção, só terá êxito

---

[24] Entre as publicações críticas que estabeleceram o clima para esse período encontravam-se, certamente, as seguintes: W. J. T. Mitchell, ed., *On Narrative* (Chicago: University of Chicago Press, 1981); Paul Rabinow and William Sullivan, eds., *Interpretive Social Science: A Reader* (Berkeley: University of California Press, 1979); Cliford Geertz, *Interpretation of Cultures* (Nova Iorque, Basic Books, 1973); Richard Rorty, *Philosophy and the Mirror of Nature* (Princeton: Princeton University Press, 1979); e os escritos de críticos pós-estruturalistas franceses como Roland Barthes e Michel Foucault.

[25] Donald Spence, *Narrative Truth and Historical Thruth: Meaning and Interpretation in Psychoanalysis* (Nova Iorque: Norton, 1984). Como questão de interesse histórico, é muito claro que Roland Barthes teve uma forte influência na formulação de Spence: a sua palavra é citada em apoio da ideia central de Spence relativa ao papel de códigos alternativos na interpretação.

se se ajustar à história "real" do paciente, se de alguma forma conseguir apreender, dentro do *seu* código, o problema *real* do paciente [26].

Para Spence, o ego (ou Si mesmo) é, pois, moldado no papel de um narrador, de um construtor de narrativas sobre uma vida. A tarefa do analista é ajudar o paciente na construção de tal narrativa, em cujo centro está o Si mesmo. Há uma dificuldade por resolver nesta descrição. Segundo Spence, nem o analista nem o analisando podem saber qual o problema "real". Na sua perspectiva, ele está "lá", mas é "indescritível". "Uma interpretação – poderíamos dizer – fornece um comentário útil sobre algo que é, por definição, indescritível" [27]. Apesar do seu positivismo remanescente (ou talvez por causa dele), o livro de Spence recebeu uma ampla atenção dentro e fora dos círculos psicanalíticos. Segundo a interpretação que dele se fez, pretendia mostrar que a principal tarefa da psicanálise e do "funcionamento do ego" era a construção de uma história da vida ajustada às actuais circunstâncias do paciente, sem se preocupar se ela era ou não "arqueologicamente verdadeira para a memória". De facto, foi precisamente com este espírito que, anos mais tarde, David Polonoff interveio no debate, tentando realçar que o "Si mesmo de uma vida" era

---

[26] Spence entende por "código" algo próximo da ideia de Barthes de vários códigos semióticos, longamente discutidos no livro de Barthes, *Mitologias,* códigos esses que extraem de um texto vários tipos de significados. Mas Spence de nenhum modo tentou expurgar da psicanálise a ideia de memórias "reais" ou "arqueológicas". As verdades narrativas representam antes (no sentido clássico de psicanálise) compromissos que derivam do "conflito entre o que é verdade e o que é dizível" *(Narrative Truth,* p. 62). De facto, a posição de Spence sobre a "realidade" das memórias que não se podem narrar sugere que, embora seja um "construtivista heurístico" no tocante à memória, não quer abandonar a sua crença positivista na existência de memórias "reais". Isto coloca-o numa posição anómala relativamente aos psicanalistas clássicos que, na sua maioria, o acusam de atirar pela borda fora a "realidade"de um *Id* em que se encontram memórias traumáticas, como espécimes arqueológicos bem conservados.

[27] Spence, *Narrative Truth,* p. 63.

mais um produto da nossa narrativa do que alguma "coisa" firme mas oculta, enquanto referente seu. O alvo de uma autonarrativa não era a sua congruência com alguma "realidade" oculta, mas a sua realização da *"coerência, razoabilidade e adaptação* externas e internas". A autodecepção era um fiasco em tal conseguir, e não o desaire em corresponder a uma "realidade" não especificável [28].

Roy Schafer tomou uma posição mais radical do que Spence. Preocupou-se não só, por assim dizer, com a substância ou o conteúdo dos Si mesmos da vida construídos, mas também com o seu modo de construção. Diz, por exemplo:

Estamos sempre a contar histórias sobre nós próprios. Ao contá-las *aos outros,* pode dizer-se que, para a maioria dos fins, estamos a realizar simples acções narrativas. Todavia, ao dizermos que também as contamos *a nós próprios,* estamos a encenar uma história dentro de outra. Esta é a história de que existe um Eu para lhe contar algo, alguém mais que serve de audiência que é ele próprio ou o Eu de alguém. Quando as histórias que contamos aos outros sobre nós próprios dizem respeito a estes outros Eus nossos, quando, por exemplo, dizemos "Não sou senhor de mim", estamos uma vez mais a encerrar uma história dentro de outra. Nesta perspectiva, o Si mesmo é uma narração. De tempos a tempos e de pessoa para pessoa, esta narração varia na medida em que é unificada, estável e aceitável a observadores informados como fidedigna e válida [29].

---

[28] David Polonoff, "Self-Deception", *Social Research* 54 (1987): 53. Uma perspectiva muito parecida à de Polonoff encontra-se difundida na teoria autobiográfica contemporânea. Para uma exposição sua particularmente lúcida, ver Janet Varner Dunn, *Autobiography: Toward a Poetics of Experience* (Filadélfia: University of Pennsylvania Press, 1982).

[29] Roy Schafer, "Narration in the Psychoanalytic Dialogue", in W. J. T. Mitchell, ed., *On Narrative* (Chicago: University of Chicago Press, 1981), p. 31.

Schafer adverte, em seguida, que os *outros* são também interpretados narrativamente, pelo que a nossa narrativa acerca de nós próprios contada aos outros é, de facto, "duplamente narrativa". "Como um projecto em desenvolvimento pessoal, a análise pessoal altera as questões principais dirigidas ao relato da nossa vida e das vidas de outras pessoas importantes". O desafio lançado ao analista e ao analisando toma-se então o seguinte: "vejamos como podemos contá-lo de novo de forma a permitir que compreendas as origens, as intenções e o significado das tuas dificuldades actuais e fazê-lo de maneira a tornar a mudança concebível e alcançável" ([30]). E, no processo, o analista e o analisando concentram-se não só no *conteúdo,* mas também na *forma* da narrativa (Schafer denomina-a "acção" da narrativa) em que a própria *narração* se olha mais como o objecto a descrever do que, por assim dizer, como um "meio transparente". A opacidade da narrativa, a sua circunstancialidade e o seu género são tão importantes como inseparáveis do seu conteúdo. O Si mesmo do analisando torna-se então um fazedor de contos, mas com um estilo distinto. E, segundo as situações, o analista acaba aparentemente por desempenhar cada vez mais o papel de redactor útil ou de amanuense provisório. Seja como for, o analista torna-se cúmplice no processo construtivo. E assim começa um processo mediante o qual se elabora um Si mesmo distributivo.

Com intenção um tanto idêntica, os psicólogos começaram a inquirir se o círculo mais amplo de pessoas com as quais alguém se preocupa ou em quem confia poderá também ser cúmplice nas nossas narrativas ou nas nossas construções do Si mesmo. Não poderia então o círculo cúmplice assemelhar-se a um "Eu distribuído", tal como as notas e os processos de observar, próprios de alguém, se tornam parte do seu conhecimento distribuído? E assim como o conhecimento fica preso na rede da cultura, também o Si mesmo se deixa emaranhar numa rede de outros.

([30]) Idem, p. *38.*

Foi esta imagem distributiva do Si mesmo que veio a prevalecer entre os "construtivistas sociais" e os "cientistas sociais interpretativos" [31].
A "viragem narrativa" teve alguns efeitos surpreendentes. Deu um novo impulso às renúncias, já intensas, à universalidade da chamada concepção ocidental da Ipseidade, a visão da "pessoa como um universo motivacional e cognitivo limitado e único, mais ou menos integrado, um centro dinâmico de atenção, emoção, juízo e acção, organizado num todo distinto e oposto contrastivamente a outros todos e a um fundo social e natural" [32]. Embora o Si-mesmo-como-calculador-estratégico seja uma perspectiva que pode, de alguma forma, pretender a universalidade apelando para a universalidade da razão, a universalidade não é assim tão óbvia quando se invoca a narração. As histórias são muitas e variadas; a razão é governada por uma lógica compulsiva e única.

Assumida a concepção narrativa, pode perguntar-se porque é que se prefere uma história a outra. E tal questão cedo levou à suspeita de que as concepções "oficiais" ou "forçadas" do Si

---

[31] Ver, por exemplo, a colecção de documentos no volume editado de Theodore G. Sarbin, *Narrative Psychology: The Storied Nature of Human Conduct* (Nova Iorque: Praeger, 1986). Um exemplo marcante desta nova abordagem encontra-se em *Knowledge and Passion,* de Michelle Rosaldo, discutido no Capítulo 2. Em certos aspectos, esta nova tendência "interpretativista" pode atribuir-se a George Herbert Mead, particularmente à sua obra *Mind, Self and Society* (Chicago: University of Chicago Press, 1934). Mas noutros, Mead estava tão comprometido com a perspectiva clássica, do fim do século XIX, da interacção do "organismo" e do "meio ambiente" que é melhor, na minha opinião, ver nele um capítulo final sobre o conceptualismo na história tardia do positivismo do que um capítulo de abertura ao novo interpretativismo. Ver, por exemplo, a discussão de Mead, "Organism, Community, and Environment" in *Mind, Self, and Society,* pp. 245 e seguintes.

[32] Clifford Geertz, "From the Native's Point of View: On the Nature of Anthropological Understanding", in P. Rabinow and W. M. Sullivan, eds., *Interpretative Social Science* (Berkeley: University of Califórnia Press, 1979), pp. 225-241, citação na p. 229. É interessante que uma década mais tarde E. E. Sampson inicie uma discussão intitulada "The Deconstruction of the Self" com a rejeição de Geertz quase como epígrafe: ver Sampson in John Shotter e Kenneth Gergen, eds., *Texts of Mentir),* (Londres: Sage, 1989).

mesmo se podem utilizar para estabelecer um controlo político ou hegemónico por um grupo sobre o outro. Inclusive, na cultura ocidental, uma perspectiva afadigosamente machista do Si mesmo pode, na verdade, marginalizar as mulheres, ao suscitar a inferiorização do seu Si mesmo. Os críticos feministas têm escrito copiosamente nos últimos anos sobre a maneira como a autobiografia das mulheres foi marginalizada pela adopção de um cânon integralmente machista de escrita autobiográfica [33]

Na verdade, o "novo" reconhecimento de que as pessoas narrativizam a sua experiência do mundo e do seu próprio papel nele forçou mesmo os cientistas sociais a reconsiderar a maneira como usam o seu principal instrumento de pesquisa: a entrevista. O sociólogo Elliot Mishler recorda-nos que, na maioria das entrevistas, esperamos que os inquiridos respondam às nossas questões da forma categórica requerida mais na trocas formais do que nas narrativas da conversação natural. Esperamos respostas do tipo "Enfrentar os problemas financeiros" em réplica a "Quais foram as maiores dificuldades no início do seu casamento?" Como entrevistadores, interrompemos tipicamente os nossos inquiridos quando, de súbito, desatam a contar histórias, ou em qualquer caso não as codificamos, porque não se enquadram nas nossas categorias convencionais. Por isso, os Si mesmos humanos que emergem das nossas entrevistas tornam-se artificiais, graças ao nosso método de entrevistar. Mishler dá o exemplo de uma entrevista onde o inquirido narra com entusiasmo o que "pagar as dívidas a tempo" significava para a sua auto-estima, no início do seu casamento. Fazia-o tão literalmente que não respondia de todo à questão sobre "as maiores dificuldades do seu casamento" [34].

---

[33] Um exemplo recente e excelente é Sidonie Smith, *A Poetics of Women's Autobiography: Marginality and the Fictions of Self-Representation* (Bloomington: Indiana University Press, 1987).

[34] Ver Elliot G. Mishler, "The Analysis of Interview-Narratives," in Theodore R. Sarbin, ed., *Narrative Psychology: The Storied Nature of Human Conduct* (Nova Iorque: Praeger, 1986). Para uma descrição completa de algumas técnicas usadas na análise de tais narrativas-entrevistas, ver Mishler, *Research Interviewing: Context and Narrative* (Cambridge, Mass.: Harvard University Press, 1986).

Talvez o estado habitual de narração seja mais sucintamente exposto por Donald Polkinghorne na sua obra *Narrative Knowing and the Human Sciences*. Falando do Si mesmo, observa:

As ferramentas usadas pelas disciplinas humanas para ter acesso ao autoconceito são, geralmente, os aprestos tradicionais da pesquisa, desenvolvidos em vista da ciência formal, para localizar e medir objectos e coisas... Conseguimos as nossas entidades pessoais e o autoconceito mediante o uso da configuração narrativa, e fazemos da nossa existência um todo ao compreendê-la como a expressão de uma única história que se desfralda e evolui. Estamos no meio das nossas histórias e não podemos estar seguros de como irão terminar; temos de rever constantemente o enredo à medida que novos eventos se acrescentam às nossas vidas. O Si mesmo não é, pois, uma coisa estática ou uma substância, mas uma configuração de eventos pessoais numa unidade histórica que inclui não só o que fomos, mas também antecipações do que seremos [35].

*

Então, e a psicologia cultural do tipo que tenho vindo a propor? Como exporia o problema do Si mesmo? Sem dúvida, os novos desenvolvimentos já descritos ser-lhe-iam congénitos. Parece-me que uma psicologia cultural impõe dois requisitos intimamente relacionados entre si sobre o estudo do Eu. Um deles é que tais estudos se devem centrar nos *significados* em cujos termos o Si mesmo é definido *tanto* pelo indivíduo *como* pela cultura em que ele participa. Mas tal não basta, se houvermos de entender como é que um "Si mesmo" é negociado, pois ele não é apenas um resultado da reflexão contemplativa. O segundo requisito é dar atenção às *práticas* onde "os significados do Eu" se obtêm e usam. Estas, na verdade, fornecem-nos uma visão mais "distribuída" do Si mesmo.

---

[35] Donald Polkinghorne, *Narrative Knowing and the Human Sciences* (Albany: Suny Press, 1988), p. 150.

Permitam-me considerar cada um deles. Já vimos como os *indivíduos* definem o seu Si mesmo. Por definição *cultural* da Ipseidade, parte do meu primeiro requisito, pretendo dizer mais do que aquilo que os outros contemporâneos consideram, por assim dizer, como sua definição operacional do Si mesmo em geral e do Eu em particular (como nos interessantes estudos de Gergen antes mencionados). Depara-se aqui também com uma dimensão histórica. Se o Si mesmo de Gergen é "um Si mesmo de fora para dentro", o Si mesmo histórico é "um Si mesmo do passado para o presente". Por exemplo, na nossa cultura, as concepções do Si mesmo são moldadas e sustentadas pela nossa teologia judaicocristã e pelo humanismo moderno que emergiu na Renascença. São igualmente configuradas por uma sociedade, uma economia e uma linguagem que têm "realidades" históricas, as quais, embora abertas à revisão, criaram uma armação que suporta as nossas práticas enquanto agentes humanos. A nossa verdadeira concepção da Ipseidade é configurada pelas garantias legais da sua inviolabilidade – como no *habeas corpus* e na Quarta Emenda da Constituição dos E.U.A., que delineia cuidadosamente o nosso direito à privacidade. Uma psicologia cultural que não tivesse em conta tais assuntos estaria a perpectuar o pendor anti-histórico e anticultural que criou grande parte da dificuldade na psicologia contemporânea ([36]).

([36]) Os psicólogos, mesmo os filosoficamente sofisticados, foram sempre extremamente cuidadosos em relação à "explicação histórica". Penso que esta prudência brota de uma ideia errónea comum sobre a diferença entre "explicação" no sentido causal, discutido nos primeiros dois capítulos, e "interpretação" no sentido histórico ou cultural. Um interessante contraste é fornecido por dois psicólogos da geração passada – Kurt Lewin e Lev Vygotsky. Num famoso ensaio intitulado "Aristotelian and Galilean Modes of Thought" – ver a sua obra *Dynamic Theory of Personality* (Nova Iorque: McGraw-Hill, 1935) Lewin condena a "causação" histórica como necessariamente "teleológica" e implicando a "acção à distância". O que determina o comportamento *agora* é o que está presente no "campo comportamental" do actor individual, na altura da acção. Esta ideia "galileana" foi, no seu ponto de vista, a origem do grande sucesso das ciências físicas. Há, sem dúvida, um sentido em que o mesmo ideal

Regressemos agora ao segundo critério de uma psicologia cultural – que explore não só o significado, mas os seus usos na prática. Que poderia entender-se por "prática" do Si mesmo? *Na prática,* era comum nas universidades, lá para o fim dos conturbados anos sessenta, por exemplo, que os estudantes pedissem autorização para sair e viver durante uma parte ou a totalidade do ano, digamos, numa aldeia de Vermont ou numa cabana nas florestas do Maine, a fim de se "afastarem de tudo" e poderem "encontrar-se a si próprios". Estas crenças, desejos ou razões acerca do Si mesmo e do modo de o "encontrar" eram tão reais tanto para as pessoas implicadas como para os regulamentos universitários que as contrariavam, tão reais igualmente como a geografia psíquica das regiões onde os jovens julgavam poder encontrar o "isolamento" alvejado. Era o Si mesmo em uso, o seu "significado na *praxis*". Era o Si mesmo distribuído na acção, nos projectos e na prática. *Ias para algures* de modo a *fazeres algo* com um *objectivo* prévio em mente, algo que não podias fazer noutro lado e continuares a ser o mesmo Eu. Ademais, falavas com os outros sobre isso de uma determinada maneira. Para

---

seria relevante para as ciências humanas – não deveríamos invocar a "tradição" sem especificar como a tradição em questão é representada nos corações e nas mentes dos participantes num acto que ocorre *hic et nunc*. Mas o modo como uma tradição duradoira opera para definir e alterar os significados no aqui e no agora *não é* o mesmo como um campo de forças reflecte as resultantes dos eventos físicos que o criaram.

Vygotsky, claro, seguiu uma senda de todo diferente. Propôs que o método da psicologia, embora se pudesse tornar experimental e empírico, era necessariamente "histórico-cultural" na sua raiz. As ferramentas e os instrumentos que os seres humanos empregam na "habilitação da mente" são essencialmente ferramentas culturais, transformadas historicamente pelas circunstâncias da vida social e económica. Por conseguinte, a sua história reflecte-se na natureza do seu uso actual. Tem muito interesse saber que Lewin, ao pensar emigrar da Alemanha por causa da ascensão do fascismo, visitou Vygotsky em Moscovo, graças à apresentação do seu estudante russo Zeigarnik. Infelizmente, não existe nenhuma gravação da sua conversa, embora se diga que os dois se deram muito bem, não obstante a enorme diferença nas suas atitudes perante o papel da história na interpretação psicológica.

serem viáveis numa psicologia cultural, os conceitos (inclusive o "Si mesmo") devem incluir uma especificação sobre o modo do seu uso tanto na acção como no discurso que rodeia a acção. Se me é permitido aduzir um exemplo literário, é como o jovem capitão da obra de Conrad, "The Secret Sharer", que tem de testar o seu sentido de autonomia, ao navegar perigosa e habilmente com o seu barco em plena escuridão e muito perto das ameaçadoras rochas de Kohring a fim de Leggatt, o *Doppelgãnger* que o capitão escondera a bordo, embora soubesse da acusação, sobre ele impendente, do assassínio de um tripulante no seu próprio navio, conseguir saltar e escapar para terra, como "um homem livre e um nadador orgulhoso" ([37]). No fim, não é a "autonomia" do jovem capitão enquanto característica isolada que interessa na compreensão do seu comportamento, mas o modo como tal sentido de autonomia é narrativizado na sua vida. E, como já comentei nos dois capítulos anteriores a propósito da indeterminação *interpretativa* das três peças de Ibsen, não existe a possibilidade de qualquer interpretação ontologicamente *final* do acto do jovem capitão. Não há causas para apreender com certeza onde se lida com o acto de criar significado; apenas actos, expressões e contextos que requerem interpretação. E isto traz-nos ao cerne da questão.

Uma psicologia cultural é uma psicologia interpretativa, justamente no sentido em que a história, a antropologia e a linguística são disciplinas interpretativas. Mas isto não significa que careça de princípios ou métodos, inclusive muito exigentes. Indaga as regras em que os seres humanos se baseiam, ao criarem

---

([37]) Num estudo ainda por publicar, tenho mais de uma dúzia de leitores a interpretar esta história, enquanto procediam à sua leitura pela primeira vez, e acho que também conheço a maioria das interpretações dos críticos. As interpretações, devido à sua diversidade, partilham uma característica irresistivelmente importante: são todas esforços para invocar um estado intencional (um motivo ou um estado de espírito) no capitão/protagonista. O mais sofisticado dos leitores também tentou compreender como é que a história era emblemática da nossa cultura, ou da situação de Conrad nessa cultura.

significados em contextos culturais. Estes contextos são sempre *contextos de prática:* é sempre necessário perguntar o que é que a gente *faz* ou *tenta* fazer nesse contexto. Não é subtileza nenhuma que o significado promane do uso; embora tal se expresse frequentemente como um refrão, as suas implicações são, muitas vezes, insuspeitas.

Quando é que se invoca o "Si mesmo", de que forma e com que objectivo? A maioria das pessoas, para falar de uma maneira geral, não acha que a gravidade actue sobre o seu Eu (excepto talvez em casos extremos). Mas se alguém as agarra, empurra ou lhes rouba a carteira, sentem que o seu Si mesmo foi "violado" e invocarão o Si mesmo na sua descrição do que se passou. Está implicada a agentividade própria e a dos outros – tal como salientei no capítulo sobre a psicologia comum. O âmbito do que as pessoas incluem sob a influência da sua própria agentividade variará, como sabemos por estudos sobre o "local de controlo", de pessoa para pessoa e com a posição sentida por cada qual dentro da cultura ([38]). Além disso, vemos que algumas situações são "impessoais"; quando nelas nos encontramos, pensamos que o Si mesmo, nosso ou dos outros, não é operativo e "legitimamente" invocável. Para pôr em prática uma noção *geral* de um "Eu" particular, temos de testar os seus usos numa variedade de contextos, culturalmente especificáveis.

É óbvio que, na demanda deste objectivo, não podemos seguir as pessoas ao longo da vida, observá-las e interrogá-las a cada passo do caminho. E se tal fosse possível, fazê-lo transformaria o significado do que estavam a pensar fazer. E, de qualquer modo, não saberíamos como juntar todos os bocadinhos e peças no fim do inquérito. Uma alternativa viável é patente – fazer o inquérito retrospectivamente, através da *autobiografia.* Não intento uma autobiografia no sentido de "registo" (pois não existe tal coisa); mas um mero relato do que se pensa que se

---

[38] Ver, por exemplo, Ellen Langer, The *Psychology of Control* (Nova Iorque: Sage, 1983).

fez, em que circunstâncias, de que formas, por que razões. Será inevitavelmente uma narrativa, como Polkinghorne observou e, para aproveitar a sugestão de Schafer, a sua forma será tão reveladora como a sua substância. Não interessa se a descrição está em conformidade com o que as testemunhas podem dizer, nem andamos à procura de temas ontologicamente obscuros como, por exemplo, se o relato será "auto-ilusório" ou "verdadeiro". O nosso interesse vai, preferencialmente, para o que a pessoa pensou ter feito, para o que considerou ser a causa da sua acção, para os tipos de situações em que pensou estar envolvida, e daí por diante.

*

Permitam-me demonstrar com a máxima brevidade como é que se poderá estudar o Si mesmo com o rigor interpretativo requerido. Tenho de começar de uma forma algo autobiográfica. Há alguns anos, eu e os meus colegas interessámo-nos pela natureza da narrativa enquanto texto e modo de pensamento. Como outros, tivemos de nos concentrar na maneira como as pessoas reproduziam as histórias cujos textos estavam disponíveis para comparação. O nosso interesse acabou por incidir no modo como as pessoas relatariam as histórias à sua maneira, independentemente do que tinham ouvido. Pensando que as suas próprias vidas forneceriam talvez um bom material para essa narração, começámos por recolher umas quantas autobiografias espontâneas. Deixámos que cada sujeito fosse guiado por aquilo a que Philippe Lejeune chama "um esboço grosseiro, perpetuamente remodelado, da história da sua vida", e depressa descobrimos que estivéramos a ouvir pessoas no acto de *construir* uma versão longitudinal do Si mesmo ([39]). O que estávamos a observar não era de forma alguma uma construção "livre". Era, sem dúvida,

---

([39]) Philippe Lejeune, *On Autobiography* (Minneapolis: University of Minnesota Press, 1989), p. 132.

constrangida pelos eventos de uma vida, mas também o era, e poderosamente, pelas exigências da história que o narrador estava em vias de construir. Era inevitavelmente uma história de desenvolvimento, mas as formas que tomou (embora reconhecidamente culturais no seu contorno) eram muito mais variadas do que havíamos esperado.

Como histórias de desenvolvimento, estas "autobiografias espontâneas" eram constituídas por relatos mais pequenos (de eventos, acontecimentos, projectos), cada qual obtendo o seu significado em virtude de estar integrado numa "vida" de larga escala. Partilhavam, a este respeito, uma característica universal de todas as narrativas. Os mais gerais expressavam-se em géneros facilmente reconhecíveis — a história de uma vítima, um *Bildungsroman,* formas de anti-herói, histórias de *Wanderung* (de peregrinação), humor negro, *etc.* Os eventos relatados que eles incluíam faziam sentido só em termos de um quadro mais amplo. No centro de cada descrição habitava um Eu protagonista em processo de construção: quer como agente activo, experimentador passivo ou veículo de algum destino mal definido. E, em junturas críticas, "os pontos de viragem" surgiam, de novo culturalmente reconhecíveis, produzidos quase de modo invariável por um acesso de nova consciência suscitada pela vitória ou pela derrota, pela traição da confiança, *etc.* Depressa se tornou patente não só que a vida imitava a arte, mas também que o fazia escolhendo os géneros de arte e outros expedientes seus de contar histórias enquanto modos de expressão.

Há algo curioso sobre a autobiografia. É um relato feito por um narrador no aqui e agora, sobre um protagonista que tem o seu nome e existiu num passado, desembocando a história no presente, quando o protagonista se funde com o narrador. Os episódios narrativos que compõem a história da vida apresentam a estrutura típica descrita por W. Labov, com rigorosa adesão à sequência e à justificação pela excepcionalidade. Mas o relato mais amplo ostenta um forte fio retórico, como que para justificar porque é que foi necessário *(não* causal, mas moral, social e psicologicamente) que a vida tivesse decorrido de uma determinada forma. O Si mesmo, como narrador, não só relata, mas justifica. E o Si mesmo, enquanto protagonista, está sempre, por assim dizer, apontando para o futuro. Quando alguém diz, à guiza de resumo da sua infância, "fui uma linda criança rebelde", tal pode normalmente considerar-se tanto como uma profecia como um resumo.

Há uma imensa investigação em curso sobre o momento em que a história está a ser narrada. Não admira, pois, que em dúzias de autobiografias por nós recolhidas e analisadas, as "proposições nucleares" surjam, entre um terço e metade, no presente – o narrador não fala do passado, quase sempre referido no pretérito perfeito, mas decide o que fazer narrativamente do passado, no momento da narração.

As pressuposições que entrosamos no relato das nossas vidas são profundas e virtualmente ilimitadas. Estão em todas as linhas: "infância modesta", "criança sonhadora", etc. E a razão de incluir certas coisas permanece quase sempre implícita; o convénio tácito em vigor descobrilo-á por si o entrevistador mais atento. E se se pedir a explicitação das razões, isso irá decerto encaminhar o relato para uma direcção que, de outro modo, não se haveria tomado. O entrevistador torna-se parte do "enxame de participações" que distribui o Si mesmo pelas suas ocasiões de uso.

O denso matagal de pressupostos na autobiografia dificultou a nossa tarefa mas, por reacção, inventámos algumas felizes ideias defensivas. A melhor foi concentrar-nos nos membros da mesma família. Conseguiríamos assim entender melhor o que um membro pretendia dizer com "Eramos uma família unida". Mas esta decisão pragmática trouxe consigo outras dádivas, que nunca poderíamos ter previsto. Uma família (como gostam de dizer os que escrevem sobre o tema) é, afinal, o vigário da cultura e, também, um microcosmo seu. Por isso, em vez de continuarmos a recolher autobiografias de indivíduos isolados, decidimos concentrar-nos em seis membros da mesma família. O que começou por ser uma matéria de conveniência acabou por se converter num princípio de pesquisa.

E cá temos os Goodhertz: mãe e pai nos seus 60 e poucos anos, com dois filhos e duas filhas adultos. Entrevistámo-los individual e independentemente sobre as suas vidas, gastámos um ano a fazer a análise preliminar das suas autobiografias individuais e, depois, voltámos a juntá-los como família para uma "sessão de debate", durante mais de três horas, a fim de falarem sobre "o que é crescer como um Goodhertz." Felizmente, filmámos esta sessão, pois as famílias sem os seus gestos e sem alguma indicação daquilo para que olham são como um pôr-do-sol sem cor.

Pensámos igualmente que poderíamos escavar pressupostos ocultos nas histórias da vida, graças a um estudo atento da linguagem usada entre eles. Uma narrativa, afinal, não é somente um enredo, uma *fábula,* mas uma forma de contar, um *sjuzet.* Analisámos, pois, o próprio discurso, encontrando as palavras reveladoras, as expressões assinadas, as formas gramaticais da maneira de contar. E contámos as proposições modais deônticas e epistémicas para ver até que ponto cada membro da família se inclinava para a contingência e a necessidade de estruturar os seus relatos. Examinámos os contextos do uso de verbos mentais para enriquecer a nossa imagem da subjectividade dos Goodhertz. Felizmente, as contagens e as buscas específicas podem facilmente fazer-se com o computador. Mas os alvitres sobre como interpretá-las são outra coisa. Aqui, o nosso melhor guia foi a linguística literária e do discurso.

*

O nosso modo de entrevistar era informal e visava estimular a formação de significado mais através do relato narrativo do que por meio de respostas categóricas obtidas em entrevistas estandardizadas. Começámos por explicar que estávamos interessados numa autobiografia espontânea e no modo como as pessoas falavam das suas vidas, à sua maneira ([40]). Nós – a minha colega Susan Weisser, professora de Literatura Inglesa e eu – demos a conhecer o nosso longo interesse no tópico e esclarecemos que não estávamos interessados em julgar ou em fazer terapia, que estávamos interessados nas "vidas". Depois, a Dra. Weisser conduziu sozinha cada entrevista no seu próprio consultório, durante vários meses.

Não obstante a sobrecarga epistemológica que os modernos teóricos da autobiografia discutiram durante os últimos quinze anos, as pessoas vulgares, ou mesmo as extraordinárias, uma vez dentro da tarefa, têm pouca dificuldade em contar as suas histórias. Os relatos que ouvimos foram, claro está, em certa medida delineados para o nosso interesse no modo como as pessoas falam das suas vidas. Nem nos iludimos quanto ao facto de o entrevistador poder ser neutro durante as entrevistas: a Dra. Weisser ria-se quando algo de engraçado era dito, respondia apropriadamente aos eventos contados com os usuais "hmms" e "Valha-me Deus", e até pedia esclarecimentos quando não percebia o que se dissera. Para ela, proceder de outra maneira seria, decerto, violar as regras do diálogo habitual. A Dra. Weisser é uma mulher nos seus quarenta anos, calorosa e informal socialmente, fascinada quer pessoal quer profissionalmente pelas "vidas", e agiu segundo a sua maneira de ser. Os nossos sujeitos corresponderam de um modo que reflectia o seu estilo "apreciativo" e, sem dúvida, teriam reagido diferentemente a um entrevistador que fosse,

---

([40]) A Dra. Weisser e eu estamos a terminar um volume sobre este trabalho para ser publicado pela Harvard University Press, intitulado "Autobiography and the Construction of Self". É evidente que uma abordagem diversa da entrevista produziria maneiras diferentes de narrar. Se, por exemplo, se pedir às pessoas para falarem de "memórias do passado", é mais provável obterem-se listas de acontecimentos recordados, com a consequente restrição dos relatos sobre o "significado" desses acontecimentos para o narrador. Sobre outros modos de empreender a tarefa de obter de sujeitos humanos um registo do passado, ver David C. Rubin, ed., *Autobiographical Memory* (Cambridge: Cambridge University Press, 1986).

diga-se, mais "formal" ou cuja *persona* fosse diferente de outra maneira qualquer ou, simplesmente, que fosse homem em vez de mulher. Na verdade, pode (e deve) suscitar-se um estudo de pesquisa a propósito de problemas desta ordem, mas decidimos que semelhante projecto não era apropriado para a primeira tentativa. "A-história-de-uma-vida" enquanto contada a uma pessoa particular é, obviamente, e num sentido profundo, um produto conjunto do narrador e do que é dito. O Si mesmo, seja qual for a atitude metafísica de alguém face à "realidade", só pode revelar-se numa transacção entre o narrador e o narrado e, como Mishler nos recorda, qualquer que seja o tópico que se aborda na entrevista, deve ser avaliado à luz da transacção [41]. Dito isto, tudo o que se pode aconselhar é o exercício de uma certa caução interpretativa.

Elaborámos uma lista com algumas "questões já prontas" para apresentar aos sujeitos no fim do seu primeiro relato espontâneo, de um quarto de hora a uma hora de entrevista – as questões apresentavam-se sempre na mesma ordem. Iam desde as inicialmente muito abertas, por exemplo, "Como é que acha que os seus pais o viam em criança?", até perguntas ulteriores mais incisivas como "Há alguma coisa na sua vida que diria ser atípica em si?" ou "Se tivesse de descrever a sua vida como uma novela, como uma peça de teatro ou uma história, a que é que mais se assemelharia?" As entrevistas duravam entre uma a duas horas e eram, claro, gravadas. Todos os seis Goodhertz, num ou noutro contexto, disseram espontaneamente, mais tarde, que tinham gostado da entrevista e/ou que a tinham achado pessoalmente muito informativa. Alguns referiram que tinham ficado bastante surpreendidos com o resultado. A propósito, esta última reacção é muito comum nos inquéritos autobiográficos e revela de uma forma interessante a natureza construcional da "história da vida".

---

[41] Mishler, *Research Interviewing.* Para uma mais plena discussão deste problema, cf. Bruner e Weisser, "Autobiography and the Construction of Self."

Quanto à "sessão em família", comecei por lhes dizer que tínhamos estudado as suas autobiografias e que estavamos agora na expectativa de conhecer a sua perspectiva do que é crescer como um Goodhertz. A sessão decorreu durante três horas, sem termos ocasião alguma para introduzir as perguntas por nós cuidadosamente preparadas, caso fosse necessário. Ainda estava a decorrer vivamente quando a terminámos, pois havíamos antes decidido que três horas eram suficientes. Sentámo-nos em torno de uma mesa de seminário, com café e refrescos disponíveis. Não era uma entrevista, embora os Goodhertz estivessem sempre conscientes da nossa presença, chegando mesmo a conversar connosco e parecendo dirigir os seus comentários uns aos outros e também a nós. De facto, havia alturas em que nós, os investigadores, éramos, aparentemente, de todo ignorados.

Sabíamos que eles eram uma família "unida", ufana da sua liberdade de "discutir tudo e qualquer coisa" como família. E eram assaz desenvoltos para que a sua conversa à mesa enveredasse mesmo pelo confronto, sobretudo no tocante a problemas entre gerações. A certa altura, Debby, a filha mais nova, com cerca de vinte e cinco anos, mas ainda considerada "o bébé da família", apelidou os pais de "racistas", devido às suas atitudes em relação a um antigo namorado negro. A mãe replicou que se Deus tivesse a intenção de misturar as raças, não as teria feito de cores diferentes. Como qualquer pessoa interessada em manter uma atmosfera agradável, aproveitei a pausa que se seguiu para anunciar que tinha chegado um novo jarro de café. Só mais tarde me apercebi de que estava a "comportar-me de forma familiar". Clifford Geertz já me advertira, quando começámos, de que as famílias são sistemas para evitar que as pessoas sejam empurradas centrifugamente por inevitáveis conflitos de interesses, e esta família tinha para tal duas técnicas. Uma era através de hábil gestão interpessoal: gracejo, diversão, *etc.* – como no meu anúncio de que o "café" tinha chegado. A outra era através da atribuição e do desempenho de papéis familiares estabelecidos, mesmo para o uso de histórias familiares canónicas que serviam para esclarecer tais papéis. Cada família tem uma provisão delas, e esta usa-as com habilidade, como iremos ver a seguir.

*

Permitam-me que lhes faça uma rápida apresentação da família Goodhertz, suficiente para que se torne compreensível o que vem a seguir. George Goodhertz lidera a família: um homem com mais de sessenta anos que se fez a si próprio, um fornecedor de sistemas de aquecimento, dedicado ao trabalho mas muito orgulhoso do seu papel como homem de confiança na comunidade, a quem os amigos recorriam quando estavam com problemas, quer para se aconselharem quer para pedirem pequenos empréstimos. Segundo o seu testemunho, o pai era "alcóolico", um fraco chefe de família; quando abandonou a família, George fora admitido numa escola paroquial sem propinas. Conta-nos que se tornou o preferido das freiras, que respondiam à sua ânsia para ajudar. Tomou-se católico, mas a família tivera antes apenas uma vaga ligação protestante. Afirma já não ser crente, embora tenha plena consciência das obrigações morais que aprendeu na igreja e tenta segui-las. É um homem circunspecto, embora nunca tivesse terminado a escola secundária; a linguagem da sua autobiografia contém uma vasta densidade de palavras ou frases que diferenciam o "que parece ser" do que "é". É eficaz e reservado, mas preocupa-se com o facto de ter perdido a intimidade na sua vida. Graças à falsificação da data de nascimento, alistou-se na tropa ainda menor e saiu cinco anos mais tarde, sem ter vinte e cinco anos, como sargento-chefe. Não se considera em nenhum sentido um homem duro, embora esteja convencido de que importa ser "esperto" para se vencer neste mundo.

Rose, a sua esposa, pertence a uma segunda geração ítalo-americana, muito virada para a família, muito envolvida com antigos amigos da vizinhança de Brooklyn, onde vivem há trinta anos, "católica e democrata". Tal como o marido, teve um pai que, segundo as suas próprias palavras, era "da antiga escola": fanfarrão, bêbado, fraco chefe de família e infiel. Ambos, marido e mulher, partilham uma dedicação para dar aos filhos uma vida melhor do que a que eles tiveram. Ela gosta que a família a considere teimosa. Quando as crianças cresceram, "voltou a trabalhar" – escriturária do marido, mas remunerada. Não tão reflectida como o marido, acredita fortemente no destino, o qual pode ser influenciado pelos próprios esforços das pessoas, como quando diz "com a ajuda do destino, eduquei os meus filhos de maneira a que nenhum deles se metesse na droga". A transcrição da sua entrevista autobiográfica está repleta de linguagem de realismo indicativo e é baixa em esforços para "interpretar o significado". O "é" supera o "parece".

O filho mais velho, Carl, activo no *Catholic Peace Mouvement* enquanto estudante da secundária, foi o primeiro da família a ir para a universidade – para uma universidade católica, até à graduação. Depois, doutorou-se em fisiologia sensorial numa universidade secular decididamente "fora da cidade". É ponderado, sequencial e didáctico na sua descrição autobiográfica, cujo teor é reforçado por expressões do tipo "se soubesse naquela altura o que sei hoje". Ciente da distância entre si e a família devido à sua instrução, continua a manter um estreito contacto com ela. Mas, lá para o fim da sua autobiografia, diz, um pouco à Ícaro e com auto-ironia, "Que faz aqui um rapaz de Brooklyn?" Acredita na sua "especialidade", que lhe permite ver através da falsidade e da hipocrisia e seguir em frente. É o aliado natural da irmã Debby, a menos linear e a mais espontânea da família. É solteiro e quase quarentão, vive em Manhattan, onde trabalha como investigador, mas está normalmente disponível para os jantares de domingo em Brooklyn.

Nina é a segunda mais velha. Criança obediente e gorda, segundo o seu testemunho, diz ter-se tomado mais rebelde, quando o pai discordou da sua maneira berrante de se vestir e das suas saídas. "Deveria, supostamente, usar roupa preta e castanha e ser sossegada". Casou cedo com um homem que se tornou alcoólico, teve dele uma filha, separou-se e voltou para casa. Descobriu, em seguida, o negócio, ao vender com sucesso chocolates caseiros para as lojas locais. A sua vida mudou, diz-nos. Munida de uma nova confiança, conseguiu um emprego publicitando um serviço de atendimento de chamadas, pouco antes de ter entrado para o seu novo serviço, que agora está a decorrer muito bem. Inquirida no fim da sua entrevista autobiográfica sobre o que mais gostaria de ter da vida, respondeu risonhamente "Mais". Nina ri facilmente e usa o riso para ajudar os pais e irmãos em situações de tensão. O seu riso empenhado durante a reconciliação pode ouvir-se como fundo, durante o confronto de Debby com os pais, a propósito do racismo. Fingido ou genuíno, o seu auto-escárnio é uma das formas de se tornar querida para a família. Na altura da sessão familiar, ela já se tinha de novo casado e divorciado no ano em que a começámos a ver, e anunciou-nos isto no seu jeito auto-irónico de "mulher gorducha" com a expressão "Acho que o casamento é o meu actual *hobby*". Em todos os seus negócios, identifica-se muito fortemente com a família e com a sua filha e considera-se parecida com a mãe.

Harry é a história infeliz da família. Tentou desesperadamente agradar, mas nunca foi decerto uma criança feliz. Quando pequeno, comia tão excessivamente que, segundo rezava uma das histórias familiares canónicas, a mãe pôs à volta do seu pescoço um aviso a dizer NÃO ALIMENTAR, ao saír para a vizinhança. A narrativa autobiográfica de Harry é um pouco disfásica. É pobre na preservação da ordem dos eventos, as suas intenções cruzam-se de modo obscuro, e ele é confusamente exofórico na referência, no sentido de que o texto nem sempre revela aquilo a que se está a referir. Muito jovem, casou com uma rapariga local e, para a fazer sentir-se mais "à vontade", encorajou-a a ver os seus velhos amigos, incluindo antigos namorados – o que causou problemas. Um vez, ela "roubou-lhe" o dinheiro que ele ganhara no clube de *bowling*. "Bateu-lhe" por causa disso, disse-nos. Tiveram um filho, divorciaram-se pouco depois; o seu relato não esclarece muito bem como é que ela conseguiu privá-lo dos direitos à visita. De qualquer modo, na altura de toda esta pressão, zangou-se com um cliente no seu emprego citadino e foi despedido ou suspenso. Quando nos contou a sua história, estava envolvido em dois processos judiciais: um para conseguir o direito a visitar o filho, o outro para recuperar o emprego. A vida estava parada. De todos, o seu relato foi o que teve a maior proporção de frases incompletas e a narrativa menos estruturada. De uma forma comovente, tanto nas entrevistas como na sessão de família, havia uma verdadeira deferência e carinho por Harry. "Acho que ele é o mais simpático de nós", afirmou a mãe.

Debby disse ter tido a infância complacente da mais nova da família – e com uma boa diferença de anos. Teve muitos amigos na vizinhança, gostavam muito dela e, depois, foi para um colégio local onde detestava o anonimato. A personalidade era o que mais a preocupava, mas não a de um tipo que nos mantém presos nas velhas rotinas da vizinhança – "casar e acabar fechada entre quatro paredes com quatro filhos". Quer "experiência", quer conhecer o mundo. O seu ideal é "espontaneidade" e "leveza". Escolheu tornar-se actriz e anda agora na escola de teatro. Trabalhar em novos papéis é, segundo afirma, o que a excita. A sua autobiografia é uma sucessão de impressões descritas com vivacidade, juntas como um conjunto de variações sobre os temas da experiência, da intimidade e da espontaneidade. No que um leitor do seu relato denominou o seu "estilo pós-moderno", ela é tão ordenada como Carl no tocante ao relacionamento dos temas entre si; o relato dele, porém, é causal e linear, o dela é um fluxo de temas metaforicamente ligados, misturados uns nos outros. As expressões causais são relativamente raras, mas a sua ausência é compensada pela vivacidade e concreção dos pormenores evocativos. Ela foi aceite na família pelo que é: carinhosa, espontânea, leal para com a família, mas deficiente em "esperteza". Preocupa-se em ser actriz, mas a sua ambição parece mais pessoal do que social.

Todo o confronto com a cultura tem as suas ocasiões de "atenção repartida" em que os membros se juntam para "agarrar" o estado das coisas, para recalibrar os sentimentos recíprocos e, por assim dizer, para reafirmar o cânon. As famílias não são excepção: os jantares do Dia de Acção de Graças e de Natal, casamentos, etc. Os Goodhertz sentiam que a sua "proximidade" se baseava no facto de terem frequentemente refeições em comum. Viviam relativamente perto uns dos outros (excepto Carl) e, na sua expressão, "sentavam-se à mesa juntos", pelo menos uma vez por semana. Orgulhavam-se de nada ser proibido à mesa. E têm-se sentado nela desde que os filhos eram pequenos. Havia também a regra não escrita de que, no caso de haver problemas, se podia voltar para casa e reclamar o antigo quarto. Nina voltou lá com a sua filha, após os seus divórcios; o mesmo aconteceu com Harry, depois do seu infeliz rompimento. Na altura da sua entrevista autobiográfica, Debby ainda lá vivia. Quando, mais tarde, se mudou para estar mais perto da escola de teatro noutra parte de Brooklyn, a sua irmã insistia indulgentemente para trazer a sua roupa para casa a fim de ser lavada.

*

Permitam-me que volte ao assunto que, no início, comecei por referir: a configuração e a distribuição do Si mesmo nas práticas de uma família, no seu papel e acção de vigário da cultura. Conseguirei apenas lidar com um tema − a distinção que todos os Goodhertz fazem entre o público e o privado, uma distinção cultural que percorre o seu caminho desde a sociedade externa, passando pela ideologia da família, até se incrustar no Si mesmo dos seus membros. O meu objectivo não é tanto "relatar" descobertas quanto salientar a importância de a pesquisa se realizar no espírito da psicologia cultural.

Como se deve ter depreendido, o contraste entre "lar" e (para usar a linguagem dos Goodhertz) "o mundo real" é central para esta família e para cada membro seu. É o tema dominante entre os que foram discutidos tanto nas autobiografias como na sessão familiar. Está à frente segundo a frequência da menção, está quase sempre implicado na resolução dos desequilíbrios da pêntade de

Burke que compreende as "histórias" que eles contam, e é este, aliás, o tema mais propício para criar o que num anterior capítulo referi como "Contratempo" com um C maiúsculo. É este também o tema que gera a frequência mais alta das proposições deônticas – asserções sobre o que *deve* ser, sobre aquilo com que se pode contar, sobre o que importa ter em conta.

A distinção adoptou muitas formas em diferentes eras. A sua expressão nesta família é uma expressão contemporânea. Os textos autobiográficos dos Goodhertz são, por assim dizer, tanto documentos históricos e sociológicos como pessoais. De facto, a história "pessoal" desta família reflecte até, de um modo profundo, a história da imigração na América – de imigrantes da Itália para a América, num dos lados da família, e do norte do Estado para a cidade, no outro. George e Rose Goodhertz viveram ambos infâncias difíceis que, segundo as suas próprias palavras, foram estragadas pela proximidade da pobreza, com as suas consequências. Ambos desejavam tanto defender os filhos de uma infância semelhante que, sem querer, exageraram o contraste entre "lar" e "mundo real", a ponto de criarem tensão para as crianças – tensão em torno da "segurança *versus* perigo" e "aborrecido *versus* excitante". Ambos os pais realçaram que o seu mais profundo desejo foi "poupar" aos filhos uma infância como a sua.

Mas, no tocante à distinção, há também uma verdade sociológica do assunto. Os nova-iorquinos contemporâneos *vêem e falam* da sua cidade como propensa ao crime e à droga, notavelmente incivilizada, exploradora e, ao mesmo tempo, excitante e inovadora. A expressão "esperteza de rua" *(street smarts)* é nova-iorquina, é um convite para distinguir entre o público e o privado de uma determinada forma. Expressa a história e a sociologia, e ainda a psicologia individual. A psicologia cultural não pretende, decerto, "confundir" os diferentes níveis de análise representados por estes três campos, cada um com as suas bases de dados necessariamente diferentes. No entanto, um dos seus principais objectivos é explorar o modo como cada um fornece um contexto aos outros.

Para os Goodhertz, o "lar" representa intimidade, confiança, ajuda mútua, perdão, abertura. É uma prescrição para o empenhamento, uma forma de se relacionarem com os outros, um modo de discurso e até um tipo de afecto. Como seria de esperar, está também inserido em histórias emblemáticas que os membros da família contam sobre "a família", narrativas que ilustram situações e resoluções simbólicas (ou indecisões divertidas). Cada membro tem as suas próprias histórias para contar. Por exemplo, Debby especializa-se em relatos sobre desamparo, inclusive "desamparo de animais mudos", como desencadeadores da simpatia da família Goodhertz. Há a "sua" história sobre uma gaivota com a asa partida, incapaz de voar, e que foi acolhida no quintal dos Goodhertz, cujo mimo exagerado até à morte da ave ainda é contado anos depois como um exagero absurdo dos "corações moles" que todos eles são. Ela contou isto na reunião familiar: todos embelezaram. Ou há ainda o seu relato autobiográfico acerca do frango que caiu de um camião na auto-estrada Brooklyn-Queens, com um giro narrativo que simboliza a sua fidelidade adulta ao mesmo ideal. O amigo recusa parar o carro para ela o apanhar: "Morreríamos todos". Ela exaspera-se: o "mundo real", acabou com a bondade humana.

O "mundo real" de Carl é mais deliberado na sua crueldade e hipocrisia, mais corrupto do que o de Debby. Quando o treinador de futebol da escola secundária lhe disse para agarrar um extremo adversário e o "pôr fora de jogo", deixou imediatamente a equipa – sossegadamente e sem alarido. Ajusta-se à sua versão do "mundo real", achando enclaves afins e simpáticos – o *Catholic Peace Movement,* uma residência onde ocupava o seu tempo livre como estudante universitário. Na universidade, em vez de ser posto de lado pela "competição assassina", pela "separação de faculdades", tenta conseguir as coisas de modo "que todos se possam sentar e falar das coisas como iguais"– a metáfora-chave da família no lar. Nas suas histórias, "enfrentar" as pressões requer algo especial. "Somos uma família moral", anunciou ele na sessão familiar, um pouco inesperadamente.

Cada qual tem a sua própria versão narrativa do conflito; mesmo o reservado Sr. Goodhertz relata a sua história de intimidade frustrada pelos pedidos de confiança e confidencialidade dos amigos. Ou outro confronto na sessão familiar, em vias de se tomar uma "história". Debby ataca o pai por não ter mostrado mais simpatia quando, meses antes, lhe falou ao telefone da morte de uma amiga. Diz ele: "Olha, realmente, não a conhecia. Neste mundo, não nos podemos traumatizar com tudo." Sabe que está a pisar perigosamente o chão junto da fronteira entre a intimidade paternal e os "espertos" do mundo real. Afinal, como patriota acérrimo e antigo sargento chefe, deu a Carl a sua bênção como refractário do Vietnam. E Debby continua a regressar ao tema de "se perder", querendo dizer que está abertamente envolvida na sua carreira.

Não quer tudo isto dizer que os Goodhertz houvessem desistido das ambições no "mundo real". Pelo contrário. Em grau notável, os seus sentimentos de autolegitimação não derivam do "sucesso lá fora", mas da sua identificação e participação no mundo "doméstico" da confiança e da intimidade. E, neste aspecto, tal família reflecte, sem dúvida, o que muitos escritores referem como "privatização" contemporânea do significado e do Si mesmo. Tanto nas sessões familiares como nas autobiografias, não se põe em dúvida que, como eles dizem, o "verdadeiro Si mesmo" não é a "persona exterior", mas os sentimentos e crenças ligados aos valores de privacidade, intimidade e trocas mútuas. O Si mesmo dos Goodhertz, se é que posso utilizar uma metáfora emblemática, está distribuído à volta da famosa mesa de jantar. Quando a Dra. Weisser e eu fomos vagamente convidados pela Sra. Goodhertz para um jantar italiano na sua casa, tomámo-lo pelo acto semiótico que era: tínhamo-nos tornado também gente real, cada qual um Si mesmo residente no mundo que era o "lar".

A principal estrutura do Eu em cada um dos Goodhertz é justamente a divisão entre o "Si mesmo real" legitimador e o Si mesmo "astuto" instrumental, que os protege do "mundo real". Os dois encontram-se entre si num difícil equilíbrio. Uma história da autobiografia de Carl fornece uma poderosa ilustração. Na Califórnia, durante o Verão, conheceu uma rapariga com quem teve um caso. "Uma indolente" – eis como a descreve. Uma noite, conversando na cama, ela diz-lhe para não se esforçar tanto. Na manhã seguinte, ele levanta-se cedo, pega nas suas coisas e apanha o primeiro avião para Nova Iorque – tudo antes de ela acordar. Não é o *dolce far niente* que ele quer, mas o desconforto reconfortante de viver com o seu conflito auto-definidor.

Temos agora de regressar a uma perspectiva histórica. Esquecemos, por nossa conta e risco, como psicólogos que somos, que, ainda há pouco – no século dezoito – o domínio privado não era tão real e auto-definidor, tão estabilizador como o mundo público do trabalho e do poder. Como nos recorda o historiador inglês, Keith Thomas:

Nos últimos períodos da história europeia, a privacidade era igualada ao sigilo, ao encobrimento e a um desejo vergonhoso de se esconder do olhar da comunidade. Como afirmava um pregador do século dezassete, "O assassino e o adúltero desejam ambos a privacidade". No século dezoito, Denis Diderot viu a proliferação da mobília contendo compartimentos secretos como um sinal da deterioração moral da época... Para Jean-Jacques Rousseau, uma sociedade sem privacidade seria uma sociedade sem vícios [42].

As vidas e os Si mesmos que temos vindo a explorar são, certamente, moldados por forças intrapsíquicas que operam no *hic et nunc*. A distinção que partilham, a diferença nítida entre

---

[42] Philippe Ariès, na sua obra *Centuries of Childhood: A Social History of Family Life* (Nova Iorque: Knopf, 1962) afirma que o conceito de infância foi mais uma "invenção social" do que um facto e, aliás, constantemente remodelada. A posição tomada pelos historiadores dos Annales, começando num dos seus fundadores, Lucien Febvre, foi que a "privacidade" se deve entender mais como um "prolongamento" de dispositivos sócio-políticos pós-medievais do que como uma expressão de alguma necessidade básica, psicológica ou biológica.

Lar e Mundo Real, é a *sua* distinção, e eles apropriaram-se dela nas suas próprias vidas. E, em todos os sentidos, vibrantemente *contemporânea*. Mas para deixar as coisas como estão é privar os Goodhertz da história e empobrecer a nossa própria compreensão das suas vidas e o seu empenhamento. Como família e individualmente são, sempre foram e nunca podem deixar de ser expressões de forças sociais e históricas. Seja o que for que tenha constituido essas "forças", seja qual for a visão que se tenha das forças históricas, converteram-se em significados humanos, em linguagem, em narrativas, e abriram caminho para as mentes dos homens e das mulheres. No fim, foi este processo de conversão que criou a psicologia comum e o mundo *vivido* da cultura.

Uma psicologia cultural faz destes assuntos o seu domínio. Não o faz, como me tenho esforçado por repetir muitas vezes, excluindo ou negando a existência de limites biológicos e físicos e até de necessidades económicas. Por outro lado, insiste em que a "metodologia da causação" não pode nem apreender a riqueza social e pessoal das vidas numa cultura nem começar a compreender a sua profundeza histórica. Só mediante a aplicação da interpretação é que podemos, como psicólogos, fazer justiça ao mundo da cultura.

Permitam-me que tire uma conclusão destes quatro capítulos. Comecei com uma crítica da Revolução Cognitiva por abandonar a "construção do significado" como sua preocupação central, optando antes pelo "processamento da informação" e pela computação. No segundo capítulo, exortei a que se tomasse em consideração, nos nossos estudos da condição humana, o que apelidei de "psicologia comum", as noções culturalmente moldadas, segundo as quais as pessoas organizam as suas concepções de si mesmas, dos outros e do mundo em que vivem. A psicologia comum, insisto, é uma base essencial não apenas de significado pessoal, mas de coesão cultural. É em apoio dos seus princípios que criamos as nossas instituições, alterando-se, por seu turno, a psicologia comum em resposta à transformação institucional. Tentei, pois, esclarecer que a psicologia comum não é um conjunto de proposições lógicas, mas um exercício na narrativa e no contar histórias. É suportada por uma poderosa estrutura de cultura narrativa – histórias, mitos, géneros de literatura.

No terceiro capítulo, indaguei as origens desta disposição para participar na cultura humana e usar as suas narrativas. Tentei indicar como é que a criança, graças aos seus dotes congénitos e à exposição, começou a participar na cultura, *usando a linguagem e o* seu discurso narrativo *in vivo*. Especulei até que a estrutura da gramática humana poderia ter derivado do impulso protolinguístico para narrar.

Finalmente, tentei mostrar como é que as vidas e o Si mesmo que construímos são resultados do processo de construção do significado. Tentei igualmente esclarecer que o Eu não é um núcleo de consciência isolado e trancado na cabeça, mas que está interpessoalmente "distribuído". Nem o Si mesmo surge desenraizado em resposta apenas ao presente; vai também buscar significado às circunstâncias históricas que dão forma à cultura, de que ele é uma expressão.

O objectivo de uma psicologia cultural não é negar a biologia ou a economia, mas mostrar como é que as mentes e as vidas humanas são reflexos da cultura e da história bem como dos recursos biológicos e físicos. Utiliza, forçosamente, as ferramentas da interpretação que sempre serviram o estudioso da cultura e da história. Não há uma "explicação" do homem, biológica ou qualquer outra. Ao fim e ao cabo, até as mais fortes explicações causais da condição humana não podem ter um sentido plausível sem serem interpretadas à luz do mundo simbólico que constitui a cultura humana.

Índice

Prefácio VII

Agradecimentos XIII

1. O Estudo Genuíno do Homem 17

2. A Psicologia Comum como Instrumento de Cultura 51

3. O Ingresso do Significado 87

4. Autobiografia e Si mesmo 121